# Schattige Gärten

KOSMOS

Anja Flehmig

# Schattige Gärten

KOSMOS

# Inhalt

# Gestaltung

# Das Spiel mit Licht und Schatten

## Unser Garten ist jedes Mal anders

Da wo uns vor ein paar Stunden noch die Farben der Blüten entgegenleuchteten, überraschen uns auf einmal in den späten Nachmittagsstunden die lustigen Lichtreflexe zwischen den Zweigen der Bäume oder uns beeindruckt der üppige Wuchs der Kletterpflanzen. Und gerade die schattigen Bereiche haben immer auch etwas Geheimnisvolles, denn der dichte Wuchs der Sträucher lässt uns manches Mal raten, was sich wohl dahinter verbergen könnte.

## Hätten Sie's gedacht?

In den schattigen Bereichen unserer Gärten haben wir viele reizvolle Gestaltungsmöglichkeiten und es macht Spaß, sie auszuprobieren. Nirgendwo sonst haben Sie einen so schönen Hintergrund, um in Ihrem Garten mit der Vielfalt an Pflanzen und Accessoires zu malen.

Sie können dort zum Beispiel, wenn Sie nicht so viel Zeit haben, einen mobilen Sitzplatz einrichten, mit bunten Blumen in Töpfen, Kübeln oder Kästen Farbakzente setzen oder die hübschen Formgehölze aus Buchs aufstellen.

Und wenn Sie etwas mehr Muße haben, lassen sich mit tollen Blattschmuckstauden, interessanten Sträuchern oder anmutigen Kletterpflanzen viele fantasievolle Effekte erzielen.

*Glitzernde Wasserperlen, die der Morgentau oder der Sommerregen auf den Blättern des Frauenmantels hinterlässt, gehören zum Reiz jedes Schattengartens.*

## Nachbarschaftsrecht

**Sträucher/Bäume vom Nachbarn werfen zu viel Schatten auf das eigene Grundstück:**

Schattenwurf gilt in einer Wohngegend mit Sträuchern/Bäumen als ortsüblich (ein Rückschnitt/das Fällen ist nur erlaubt, wenn die Pflanzen/Äste unzumutbar stören; zum Beispiel, wenn Sie eine Terrasse dort bauen wollen).

**Zweige ragen vom Nachbarn auf das Grundstück:**

Zweige nicht einfach abschneiden, sondern vorher mit dem Nachbarn sprechen – ansonsten bei der Gemeindeverwaltung nach den geltenden Bestimmungen fragen.

**Pflanzabstände zum Grundstücksrand:**

Bei Bäumen/Sträuchern (bis zu 2 m Höhe) ein Mindestabstand von circa 50 cm und bei höher wachsenden Pflanzen mindestens 2 m.

**Erlaubte Höhen der Einfriedung und Hecken:**

Einfriedungen (Zäune, Sichtschutzwände) zwischen 1,2 und 1,5 m. Die erlaubte Heckenhöhe richtet sich nach der Höhe der Hecken in der Wohngegend.

Alle Regelungen des Nachbarschaftsrechts sind Ländersache. In Streitfällen immer erst Ihre Gemeindeverwaltung nach den ortsüblichen Bestimmungen fragen!

## Die Lichtverhältnisse einschätzen lernen

Gehen Sie doch einfach mal in einer ruhigen Minute an einem sonnigen Sommertag, am besten am frü-

*Lassen Sie sich und Ihrem Garten Zeit: mehrere Jahre dauert es, bis Stauden und Kletterpflanzen eine solche Üppigkeit entfalten wie hier.*

hen Nachmittag, durch Ihren Garten. Wo ist es so hell, dass Sie schon blinzeln müssen, um sich umzuschaun (hier ist ein sonniger Standort), wo kann das Auge entspannt alles betrachten (halbschattiger oder schattiger Standort). Beobachten Sie mehrmals am Tag, wo es in Ihrem Garten sonnige, halbschattige oder schattige Bereiche/Flächen gibt.

## Sehr schattige Bereiche

Gehen Sie ruhig öfter einmal von den sehr hellen Bereichen in die etwas dunkleren. Ist der Bewuchs dort durch einen alten Baum oder hoch gewachsene Sträucher dichter oder stehen höhere Hecken, Mauern, Hauswände oder Sichtschutzwände in unmittelbarer Nähe? Falls ja, ist dies ein schattiger Standort – die Sonne kommt im Laufe des Tages entweder nur sehr kurz oder gar nicht durch.

Lassen Sie sich hier ruhig von Ihrem Gefühl leiten. Ist es Ihnen an manchen Stellen Ihres Gartens viel zu dunkel, können Sie durch behutsames Auslichten (siehe Seite 28, 29) schon viel erreichen.

Üppige Blattschmuckstauden (siehe Seite 34ff.), Gräser (siehe Seite 39), Mini-Teiche (siehe Seite 16f.) oder interessante Bodendecker (siehe Seite 10, 36f.) sind weitere Möglichkeiten, den schattigen Garten zu beleben. Mit dem Einsatz von weißen oder gelben Blütenfarben, mit buntblättrigen Sträuchern oder mit dem plätschernden Wasser eines kleinen Brunnens können Sie dunklere Gartenecken aufhellen und/oder deren Romantik sogar noch unterstreichen.

## Lichter Schatten/Halbschatten

Sie erkennen den lichten- oder den Halbschatten daran, dass in diesen Gartenteilen ungefähr für zwei bis vier Stunden am Tag die Sonne durchkommt oder, was ja häufig der Fall ist, die Sonne blinzelt immer mal wieder durch das Blattwerk. Ideale Bedingungen für einen hübschen Sitzplatz, ein buntes Staudenbeet oder tolle Pflanzen in Kübeln und Kästen. Die Strukturen von Wegen, Pergolen, Mauern, Toren (siehe auch Foto oben), die Accessoires und die Blütenformen und -farben kommen gerade hier durch das stetige Spiel von Licht und Schatten sehr gut zur Geltung.

# Rabatten und Beete im Schattengarten

*Geben Sie Ihrem Staudenbeet ein Thema. Hier ist zum Beispiel alles in grünen, violetten und weißen Tönen gehalten. Vielseitig und wuchsfreudig sind die verschiedenen Storchschnabel-Arten* (Geranium, *links im Bild*), *die Wiesenraute* (Thalictrum, *weiß blühend*) *und die Akelei* (Aquilegia, *rechts vorne*).

## Gestaltungstricks

Blühende Rabatten anzulegen und passend zu bepflanzen, ist gar nicht so einfach. Die Auswahl an hübschen Blütenpflanzen ist groß – aber was passt zusammen? Hier ein paar wichtige Gestaltungstipps:

- Geben Sie Beeten grundsätzlich eine runde, beziehungsweise geschwungene Form. Das kann ein Kreis, Halbkreis oder eine Ellipse sein. Insbesondere Beete am Haus oder am Grundstücksrand wirken harmonischer mit einer geschwungenen, in flachen Wellen verlaufenden Kontur.
- Damit die Bepflanzung gut zur Wirkung kommt, sollten Beete groß genug sein (gerade Beete mindestens 1 m Breite, Beete im Halbkreis brauchen einen Bogendurchmesser von mindestens 1 bis 1,5 m und kreisrunde Beete einen Durchmesser von mindestens 2 bis 3 m).
- Auch die Höhenstaffelung ist wichtig: Hohe Pflanzen, zum Beispiel kleine Gehölze oder hohe Stauden, kommen in den Hintergrund, niedrigere weiter nach vorne.
- Geben Sie jedem Beet ein Thema. Pflanzen Sie entweder Blattschmuckstauden und Gräser zusammen oder kombinieren Sie blühende Stauden Ton-in-Ton (zum Beispiel weiß/rosa/violett oder gelb/orange) miteinander.
- Verwenden Sie auf kleinen Beetflächen nicht mehr als zwei verschiedene Farben, zum Beispiel Gelb und Orange – setzen Sie aber ruhig verschiedene Farbabstufungen ein.
- Viele Stauden und Zwiebelpflanzen entfalten Ihre Wirkung erst zusammen. Setzen Sie die Pflanzen daher bevorzugt in jeweils großen Gruppen – entweder Pflanzen einer Art oder Pflanzen in gleicher Wuchshöhe und gleicher Farbe – dann kommen die Blütenfarben besser zur Geltung.
- Mit wenigen, aber passenden Accessoires geschmückt, wie zum Beispiel Rosenkugeln oder bunten Figuren auf Stäben, wird das Beet immer wieder ein schöner Anblick sein (siehe auch Seite 20f.). Hübsche Kunstgegenstände (aus Holz oder Metall) setzen sowohl in großen als auch in kleinen Gärten tolle Akzente.

## Standorte kennen lernen

Bevor Sie Stauden einkaufen oder umsetzen, ist es wichtig, dass Sie auch die Standortverhältnisse des Beetes genau kennen. Setzen Sie nur Pflanzen ein, die die jeweiligen Standortverhältnisse auch gut vertragen, sonst ist die Freude am Pflanzenschmuck oft nur von kurzer Dauer. (Sonnige bis schattige Standorte erkennen siehe Seite 7). Man kann im Schatten folgende Standortverhältnisse vorfinden:

- Auf der Fläche ist es den ganzen Tag schattig (Vollschatten), die Sonne scheint für ein paar Stunden darauf (Halbschatten) oder es kommen immer wieder die Sonnenstrahlen durch das Blätterdach bis auf den Boden (lichter Schatten bis Halbschatten).
- Die Fläche des Beetes ist trocken oder eher feucht; sehr trocken ist es unter dem dichten Laubdach von Nadelgehölzen (Kiefer, Fichte, Tanne) oder unter einem Dachvorsprung – auch unter großen Obst- oder Laubbäumen ist der Boden meist trockener als auf einer freien Fläche.

Abgesehen von den gerade eben genannten Bereichen können Sie davon ausgehen, dass Ihnen im Schattengarten viel feuchtere Beetflächen zur Verfügung stehen als in jungen, sehr offenen Gärten. Die feinen Wassertröpfchen in der Luft verdunsten im Schatten wesentlich langsamer. Auch der Boden trocknet nach einem Regenguss langsamer ab. Gerade in kleinen Senken können die Beetflächen sogar sehr feucht sein, sodass Wasser schlechter abfließt. Hier können Sie sogar Pflanzen einsetzen, die üblicherweise am Teichrand wachsen (siehe Tabelle).

Ein wichtiger Aspekt ist auch die Konkurrenz der großen Sträucher, deren Wurzeln viel Wasser aus dem Boden ziehen. Ein guter Hinweis, ob Sie hier ein Beet anlegen können, ist der Zustand der Rasenfläche. Ist der Rasen hier nur lückig, werden es auch Ihre Beetpflanzen hier viel zu schwer haben. Mit einem gebührenden Abstand von circa 0,5 bis 1 m zu den Gehölzen, können Sie sich aber gut behelfen.

### Pflanzentipps für's Staudenbeet

| | |
|---|---|
| **Hübsche Frühjahrsblüher** | Aurikel, Blausternchen, Duft-Veilchen, Frühlings-Gedenkemein, Maiglöckchen, Märzenbecher, Primeln (Etagen-Primel, Kugel-Primel, Kissen-Primel), Tulpen (schattenverträgliche Sorten verwenden) |
| **Anmutige, filigrane Stauden** | Akelei, Blaunessel, Breitblättrige Glockenblume, Elfenblume, Frauenmantel, Lampionblume, Lerchensporn, Purpurglöckchen, Salomonsiegel, Schaumblüte, Sterndolde, Storchschnabel(in vielen Arten und Sorten), Tränendes Herz, Wiesenraute |
| **Imposante Stauden mit auffallenden Blüten** | Eisenhut, Fingerhut, Gold-Felberich, Goldkolben, Wald-Geißbart, Herbst-Anemone |
| **Große, beeindruckende Blattschmuckpflanzen** | Bergenie, Funkien (in verschiedenen Sorten siehe Seite 11, 35), schattenverträgliche Gräser und Farne, Schaublatt, Schildblatt |
| **Pflanzen für sehr feuchte Schattenbeete** | Astilbe, Eisenhut, Königsfarn, Mädesüß, Pestwurz, Schildblatt, Sumpf-Schwertlilie, Wiesenknöterich |

*Die Blattzeichnung einer Funkie zu betrachten, ist immer wieder ein Erlebnis. Sie steht am besten im lichten Schatten/Halbschatten.*

# Hübsches an und unter Bäumen

*Der Kriechende Günsel* (Ajuga reptans) *hat nicht nur eine hübsche tiefviolette Blüte – er ist sogar in der Lage, starkwüchsige Unkräuter, wie zum Beispiel Giersch oder Ampfer, zu verdrängen.*

## Waldluft schnuppern

Lichtstrahlen blinken hier und da durch die Kronen und im Laub raschelt es entlang des Weges – wie schön, wenn man im Garten auch alte Bäume hat, die uns die geheimnisvolle Welt des Waldes mit nach Hause bringen. Doch gerade ein alter Garten mit schönen Bäumen braucht immer wieder eine pflegende Hand, um aus romantischen Plätzen nicht all zu rasch eine Wildnis werden zu lassen.

## Alte Bäume gut pflegen

Bäume brauchen Platz. Die Schönheit eines Baumes wird nur dann zur Geltung kommen, wenn sich seine Äste zu allen Seiten hin ausbreiten können (siehe auch Seite 12ff.) und die Wirkung seiner Wuchsform nicht durch nahe wachsende hohe Sträucher oder Stauden (übrigens auch durch eine Hauswand!) verwischt wird. Halten Sie deshalb den unmittelbaren Bereich eines alten, malerisch gewachsenen Baumes frei von Sträuchern und hohen Stauden.

Laubbäume, wie zum Beispiel Kastanien, Linden, Birken oder Buchen brauchen – außer dem Freiraum zum Wachsen – wenig weitere Pflege. Für Nadelbäume gilt das Gleiche. Haben Sie jedoch alte Obstbäume im Garten, ist das jährliche Auslichten im Januar/Februar sehr wichtig (siehe Seite 29).

## Hübsche Begleiter alter Bäume

Niedrig wachsendes, wie zum Beispiel Rasen oder Bodendecker ergänzen und unterstreichen die Schönheit eines Baumes in idealer Form. Eindrucksvoll sieht auch die Blüte einer Kletterrose in einem alten Obstbaum aus, die am Stamm befestigt wird und zur Krone hinauf klettert. Geeignet sind hierfür mehrmals blühende, robuste Sorten wie zum Beispiel 'Ghislaine de Feligonde' (blüht cremeweiß bis apricotfarben) oder 'Rambling Rector' (weiß). Beachten Sie aber die Stabilität des Baumes, denn das Gewicht einer ausgewachsenen Kletterrose ist nicht zu unterschätzen.

## Praktische Bodendecker

| | |
|---|---|
| **Zwiebel- oder Knollenpflanzen, die mit der Zeit dichte Horste (Teppiche) bilden** | Blausternchen, Buschwindröschen, Forellenlilie, Hasenglöckchen, Maiglöckchen, Strahlen-Anemone |
| **Raschwüchsige Bodendecker** | Kriechender Günsel, Waldsteinie |
| **Bodendecker mit interessanten Blättern** | Efeu, Immergrün, Teppich-Hartriegel, Dickmännchen |
| **Bodendecker mit hübschen Blüten** | Elfenblume, Frühlings-Gedenkemein, Kaukasus-Vergissmeinnicht, Schaumblüte |

*Sieht das nicht bezaubernd aus? Die Wildheit und den Charme alter Gärten können Sie mit aparten Pflanzen (hier Iran-Lauch und Farn) noch unterstreichen. Ähnlich romantisch wirken Elfenblume, Frühlings-Gedenkemein oder Schaumblüte.*

Unter der lichten Krone eines Obstbaumes oder einzeln stehenden, kleinen Bäumen im Vorgarten, haben Sie noch viele andere Bepflanzungsmöglichkeiten (bedenken Sie jedoch, dass krautige Pflanzen unter dem Dach von Nadelbäumen nicht wachsen können (siehe Seite 9).

## Bunte Blumen unter Bäumen

So sind die bunten Zwiebelblumen (zum Beispiel Blausternchen, Zwerg-Narzissen, kleine Tulpensorten), die das Frühjahr einläuten, ein echter Hingucker. Setzen Sie die Zwiebeln/Knollen möglichst dicht (Pflanztiefe siehe Seite 27, Pflanzzeitpunkt ist Herbst) und versuchen Sie, die Wurzeln des Baumes dabei nicht zu verletzen. Nach der Blüte die verwelkten, gelblich gefärbten Stile abmähen oder mit der Gartenschere abschneiden, das Laub aber unbedingt stehen lassen, bis es verwelkt ist. Robusten Bodendeckern, denen die Wurzelkonkurrenz des Baumes nicht so viel ausmacht, wie Immergrün (*Vinca*), Efeu (*Hedera*) oder Goldnessel (*Lamium*), können Sie einfach in entsprechender Anzahl (circa 16 Pflanzen pro Quadratmeter; Pflanzen einsetzen siehe Seite 27) unter die oben genannten Bäume setzen. Versuchen Sie auch hier beim Einpflanzen die Baumwurzeln so wenig wie möglich zu verletzen (den Boden vorher nicht auflockern). Die meisten Bodendecker sind dankbar, wenn Sie vor dem Einpflanzen etwas Kompost- oder Pflanzerde auftragen (circa 5 cm dick).

Alle neu gesetzten Pflanzen brauchen in den nächsten Wochen ausreichend Wasser, um sich gegen die Wurzelkonkurrenz eines alten Baumes zu behaupten. Unter kleineren oder jüngeren Bäumen reicht im Allgemeinen das normale Regenwasser meist aus. Streuen Sie in den nächsten zwei bis drei Jahren jeweils im Frühjahr etwas Hornspäne zwischen die Pflanzen, später reicht die Gabe von etwas Komposterde im Frühjahr aus.

*Verschiedene Funkienarten und -sorten säumen den Weg zum verwunschenen Tor.*

# Bunte Vielfalt der Gehölze

*Die Eleganz und Leichtigkeit der Clematis – hier die Sorte 'Nelly Moser' – bereichert jeden Garten. Sie passt ideal zu absonnig gelegenen Hausecken, Holzwänden oder an hübsche Rankhilfen aus Metall.*

*Rund oder kegelförmig geschnittene Buchsbäumchen können im Stauden- oder Gehölzbeet, im Vorgarten, oder als Kübelpflanzen an Terrasse oder Hauseingang fantasievolle Akzente setzen.*

## Leben im schattigen Garten

Schattige Gärten leben durch die Sträucher und Bäume, die darin wachsen. Das können hohe, alte Hecken sein, die Schatten geben, dicht wachsende Sträucher oder die mächtigen alten Bäume. Sie machen Ihren Garten zu dem, was er ist: ein Kleinod.

Die Gartenplaner sprechen von „vertikalen Strukturen", die in keinem Garten fehlen sollten, denn er teilt die Gartenfläche in Räume ein, die immer wieder andere Blickrichtungen schaffen und damit den Garten wesentlich interessanter machen.

Für die Gestaltung mit Bäumen, Hecken und Sträuchern ist Folgendes wichtig:

- Ein ausgewachsener Baum sollte eine Höhe haben, die maximal zwei Drittel der Grundstücksbreite entspricht; ist zum Beispiel der Garten 20 m breit, so sollten die Bäume nicht höher als circa 13 m werden. Lassen Sie sich in der Baumschule entsprechend beraten (siehe Seite 42ff.)
- Bäume brauchen ausreichend Platz, sollten aber nicht in der Mitte des Gartens stehen. Besser ist es, wenn Sie markante Linien (zum Beispiel das Ende eines Wegverlaufs, eine Wegkreuzung oder Grundstücksgrenzen) Ihres Gartens betonen.
- Nadelgehölze, man spricht auch von Koniferen, wie zum Beispiel Scheinzypresse (*Chamaecyparis*), Lebensbaum (*Thuja*), Tanne (*Picea*), oder Eibe (*Taxus*), eignen sich gut zur Anpflanzung in Gruppen und nach Höhe gestaffelt in den schattigen Randbereichen großer Gärten oder am Ende eines großen Grundstücks (auch hier sollten die Bäume dennoch ausreichend Platz zum Wachsen haben). In der Nähe des Hauses sollten deshalb keine dieser Bäume stehen. In kleinen Gärten sind kleinwüchsige Koniferen (zum Beispiel Zwerg-Kiefer, Zuckerhutfichte) die bessere Wahl.
- Koniferen und blühende/sommergrüne Sträucher sollten Sie nicht miteinander vermischen.

## Schöne Gehölze für den Schattengarten

**Arten mit dunkelrotem, auffallendem Laub:**
Roter Fächer-Ahorn (*Acer palmatum*; Sorten 'Atropurpureum' oder 'Fireglow'), Bluthasel (*Corylus maxima*; Sorte 'Purpurea'), Perückenstrauch (*Cotinus coggygria*)

**Arten mit rotem Laubaustrieb:**
Fächer-Ahorn (*Acer palmatum*; Sorte 'Deshojo' oder 'Beni tsukasa'), Lavendelheide (*Pieris japonica*; Sorten 'Forest Flame', 'Mountain Fire', 'Red Mill')

**Arten mit schöner Rindenzeichnung:**
Schlangenhaut-Ahorn (*Acer capillipes*), Zimt-Ahorn

**Interessante Immergrüne:**
Zuckerhutfichte (*Picea glauca* 'Zuckerhut'), Gelbe Säuleneibe (*Taxus baccata* 'Fastigiata Aureomarginata'), Liguster, Buchsbaum oder Hainbuche als Formgehölze (Kugel, Kegel, Hochstämmchen, Bonsai) gezogen

### Pflanzkombinationen

Schöne Kombinationen im Schattengarten sind:

- Halbhohe bis hohe Koniferen, davor Rhododendren oder Hortensien (Pflege siehe Seite 28).
- Große Laubbäume, darunter Rasen oder schattenverträgliche Bodendecker (siehe Seite 10).
- Halbhohe Sträucher/kleinwüchsige Bäume mit einem Staudenbeet davor (siehe Foto rechts; geeignete Arten/Baumsorten siehe Tabelle).
- Rot belaubte Sträucher/Bäume kommen in Schattengärten sehr gut zur Geltung (siehe Tabelle). Sie bringen Farbe in dunkle Ecken.
- Mehrere Blütensträucher nebeneinander, zum Beispiel Weigelie, Sommer-Spiere (weiße oder rot blühende Arten), Felsenbirne (*Amelanchier*, auch schön in Einzelstellung), Schneeball (*Viburnum*) und Deutzie. Damit sie reichlich blühen, sollten diese Sträucher nicht im vollen Schatten (siehe Seite 7) stehen.

### Kletterpflanzen

Halbschattig bis schattig gelegene Wände (zum Beispiel Sichtschutzzäune, Hausmauern, Schuppenwände) sind ideale Plätze für viele Kletterpflanzen (siehe Seite 26, 40f.). Schnellwüchsig sind Wilder Wein, Hopfen und Schlingknöterich. Etwas mehr Zeit brauchen Efeu (probieren Sie panaschierte Sorten wie 'Goldheart' und 'Green Ripple' aus – diese buntlaubigen Sorten hellen absonnige Bereiche besonders schön auf), Kletter-Hortensie, Pfeifenwinde (*Aristolochia*) und Geißblatt (*Lonicera*).

Damit die Kletterer gut wachsen, sollten Sie sie nur an die Stellen setzen, wo die Erde auch länger feucht bleibt. Trockene Schattenplätze verträgt der langsam wüchsige, aber hübsch grün-weiß gefärbte Spindelstrauch (*Euonymus fortunei*). Clematis-Pflanzen benötigen immer einen schattigen Fuß. Unterpflanzen Sie sie daher stets mit einem Bodendecker oder schattierendem Kleinstrauch.

*Pflegeleichte, schöne Schatten-Gehölze: Schneeball* (Viburnum opulus, *ganz links*), *daneben stehend zwei Variationen des Fächer-Ahorns* (Acer palmatum; *grünes Laub, zum Beispiel Sorte 'Beni tsukasa', rotlaubig – Sorte 'Fireglow'*).

# Rasen im Schattengarten

## Den grünen Teppich gut pflegen

Wohltuendes, beruhigendes Grün umspielt sanft Wege, Beete und das Haus und lässt den Blick über die bunten Blüten oder die schönen Wuchsformen der Gehölze schweifen. Der grüne Rasenteppich verbindet durch sein ebenmäßiges Grün die vielen verschiedenen Strukturen Ihres Gartens miteinander.

Neben den ästhetischen Gesichtspunkten spielt der Rasen aber noch eine zweite wichtige Rolle: er ist quasi der „Bodenbelag" unseres Gartens. Das heißt er ist, ebenso wie der Teppich in der Wohnung, der Belastung von Tritten, dem Herumrücken zum Beispiel von Gartenmöbeln oder dem Gewicht darauf stehender Gegenstände (zum Beispiel dem Planschbecken der Kinder) ausgesetzt. Und gerade im Schatten haben die an sich Helligkeits liebenden Grasarten einen schwereren Stand als auf den lichten Flächen. Damit Ihr Rasen also auch in den schattigen Bereichen gut gedeihen kann und belastbar ist, sollten Sie ihn regelmäßig pflegen.

Mähen Sie den Rasen, insbesondere im Sommer, regelmäßig circa alle ein bis zwei Wochen, damit die Grasnarbe dicht bleibt. Mähen Sie den Rasen jedoch nicht so kurz ab wie auf den hellen Flächen (die Gräser brauchen mehr Blattmasse, um die geringere Lichtintensität auszugleichen); stellen Sie die Mähhöhe so ein, dass der Rasen nachher noch etwa 5 cm hoch ist. Verwenden Sie außerdem ein scharfes Mähmesser und mähen Sie nur dann, wenn der Rasen abgetrocknet ist. Die Düngung des Rasens erfolgt im Frühjahr mit einem speziellen Rasendünger; nehmen Sie dafür am besten einen Streuwagen, damit sich die Düngekügelchen gleichmäßig auf der Rasenfläche verteilen lassen.

## Moos im Rasen

Obwohl die Grasarten, die unsere Rasenflächen einnehmen, sehr robust und pflegeleicht sind, können gerade im Schatten große Probleme auftauchen.

### Erste Hilfe für Ihren Rasen auf einen Blick

**Der beste Zeitpunkt:**
... ist das Frühjahr (April) oder der Spätsommer (September) während einer feuchten Wetterperiode. Die Rasenfläche und die obere Bodenschicht sollten aber abgetrocknet sein.

**Sie brauchen:**
Rasenmäher, Motor-Vertikutierer, breiten Drahtrechen, Rasendünger, eventuell neue Rasensaat (wählen Sie eine spezielle „Schattenrasen"-Saatmischung aus), Streuwagen, Walze, Rasensprenger

**So gehen Sie vor:**
Rasen sehr kurz abmähen, danach in Längs- und Querrichtung vertikutieren (siehe Seite 28); Rasenfilz und Moosreste gründlich mit dem Drahtrechen entfernen; mit dem Streuwagen zuerst den Dünger gleichmäßig verteilen und danach das Saatgut; zum Schluss überwalzen – den Boden für die nächsten zwei bis drei Wochen ständig feucht halten; erst wieder mähen, wenn der Rasen etwa 7 bis 10 cm hoch ist.

Das Vorhandensein von Moos im Rasen ist ein untrügliches Zeichen für einen sehr feuchten und für Gräser zu dunklen Standort. Gehen Sie dann in zwei Schritten vor: 1. Moos entfernen. 2. und/oder den Standort so verbessern, dass der Rasen wieder besser wachsen kann. Für den ersten Schritt ist das Frühjahr der geeignete Zeitpunkt – vertikutieren Sie den Rasen (siehe Kasten). Für den zweiten Schritt lichten Sie zunächst die umliegenden Sträucher gut aus (siehe Seite 29) und überlegen Sie, ob Sie eventuell ein bis drei vereinzelte Gehölze herausnehmen wollen, damit der ganze Gartenbereich wieder heller wird. Bei sehr feuchtem Untergrund ist es am besten, wenn Sie die Rasensoden abtragen, den Boden tiefgründig lockern, reichlich groben Sand einarbeiten und neuen Rasen ansäen.

## Kahle Stellen

Auch kahle Flächen sind eine typische Situation für einen Rasen, der unter alten Sträuchern oder Bäumen wächst. Die Wurzeln der Gehölze entziehen den Rasengräsern sehr viel Wasser und unter dem Blätterdach kommt viel weniger Regenwasser an, als auf den freistehenden Rasenflächen. Hier hilft es, wenn Sie den Rasen, gerade in trockenen Sommermonaten, einmal am Tag für etwa eine halbe Stunde beregnen. Während einer feuchten Wetterperiode können Sie dann Rasen nachsäen. Besorgen Sie sich im Gartencenter eine Saatmischung, die schattenverträglich ist: „Schattenrasen" (wenn die Fläche fast den ganzen Tag im Schatten liegt) oder einen der robusten Sport- und Spielrasen (nur für den lichten Schatten; zum Beispiel 'Berliner Tiergarten' oder 'Strapazierrasen'). Mähen Sie zunächst die umliegende Rasenfläche sehr kurz ab und lockern Sie die freien Stellen mit einer kleinen Harke auf. Dann etwas Pflanzerde verteilen und Dünger einstreuen. Alles eben ziehen und gröbere Bodenteile dabei mit entfernen. Die neuen Rasensamen gleichmäßig verteilen und mit einer Walze oder einem Brett, das Sie sich unter die Schuhe gebunden haben, andrücken. Zum Schluss vorsichtig wässern und in den nächsten zwei bis vier Wochen nicht austrocknen lassen. Mähen Sie den neuen Rasen erst, wenn er etwa 10 cm hoch ist.

Haben sich unbeliebte Wildkräuter (Klee, Löwenzahn) im Rasen etabliert, ist es schwer, sie wieder ganz aus dem Rasen zu entfernen. Mähen Sie daher den Rasen regelmäßig, bevor die Kräuter zur Blüte kommen. Löwenzahn, Disteln und Ampfer können Sie auch ausstechen. Auch hier hilft es, wenn Sie dem Rasen mehr Licht zur Verfügung stellen und die umliegenden Sträucher im Spätwinter einmal kräftig auslichten (siehe Seite 29).

*Der sattgrüne Rasen unterstreicht die Üppigkeit dieses alten Gartens. Lassen Sie die Rasenfläche in geschwungenen Linien auslaufen wie hier im Bild – das gibt dem Ganzen mehr Leichtigkeit.*

# Wasser im Garten

*Geradezu malerisch mutet dieser Teich an. Hier ist gut zu sehen, wie sehr das Wasser und passende Accessoires (Amphoren aus Ton, Steg aus Holz) die wohltuende Ruhe des Schattens unterstreichen können.*





## Funkelnde Lichtspiele

Sanft vor sich hin plätscherndes Wasser, lustig sprudelnde Wasserfontänen und zauberhafte Wesen, die am und im Wasser wohnen – wer kennt sie nicht, die Geschichten um Nixen, Elfen oder Froschkönige? Vielleicht ist es ja ein Stück Märchenhaftes aus unserer Kindheit, das uns an Wasserspielen – sei es ein Teich, ein lustiger Brunnen oder ein sprudelnder Stein – so fasziniert? Und gerade die schattigen Lagen sind gut geeignet (und bieten die beste Kulisse), um kleine Wasserflächen darin anzulegen.

## Klein, aber fein – Mini-Teiche

Ein echter Hingucker, den Sie auch an einem schattigen Plätzchen auf der Terrasse aufstellen können, ist ein mit aparten Wasserpflanzen bestückter Bottich. Das kann eine alte Zinkbadewanne sein, ein Steintrog oder ein altes Holzfass. Die Fässer werden mittlerweile auch in größeren Gärtnereien angeboten oder sind über den Versandhandel erhältlich (Adresse finden Sie im Anhang). Sie können aber auch einen großen Mörteleimer nehmen, den sie im Boden einsenken. Verdecken Sie den Plastikrand und die Griffe mit Kies oder kleinen Lesesteinen – fertig ist der Behälter für den „Mini-Teich". Undichte Behälter sollten Sie mit einem Stück Teichfolie auskleiden (Bepflanzung eines Bottichs siehe Kasten). Die Pflege ist recht einfach. Füllen Sie etwa einmal pro Woche etwas Wasser nach (Regenwasser verwenden); überwintert wird der Mini-

### Profi Tipp von mein schöner Garten

Kleine, stehende Gewässer beginnen rasch zu veralgen und sind beliebte Eiablage-Plätze für Mücken. Planen Sie deshalb bei der Anlage eines kleinen Gartenteiches gleich eine Wasser-Umwälzpumpe und ein Filtersystem mit ein.

## Einen Mini-Teich anlegen

| | |
|---|---|
| **Sie brauchen** | Ein großes, wasserdichtes Gefäß (mindestens 40 cm tief; nach oben hin breiter werdend), Pflanzen und die entsprechende Menge Gitterkörbe und Vlies, Teicherde, Kieselsteine/Steine in verschiedenen Größen, einige Pflastersteine, Regenwasser |
| **So geht's** | Die Gitterkörbe großzügig mit Vlies auskleiden, Pflanzen aus den Töpfchen nehmen, Teicherde in die Körbe füllen und die Pflanzen darin einsetzen; überhängendes Vlies über den Pflanzenballen klappen (damit die Erde nicht aufschwemmt) und Kieselsteine auf die Ballenoberfläche legen; Pflastersteine in den Randbereich des Bottichs legen; Pflanzen in den Gitterkörben je nach gewünschter Wassertiefe in den Bottich stellen (Pflanzen der Uferzone in den erhöhten Randbereich; Pflanzen der Teichzone auf den Boden des Bottichs); langsam Wasser zugeben, bis alle Pflanzkörbe unter Wasser stehen – zum Schluss die Schwimmblattpflanzen vorsichtig auf der Wasseroberfläche verteilen. Den Wasserstand regelmäßig kontrollieren und gegebenenfalls Wasser nachfüllen. |
| **Geeignete Pflanzen** | Blühende Wasserpflanzen: Pfeilkraut, Sumpf-Calla, Sumpf-Schwertlilie<br>Wasserbedeckende Pflanzen: Wassersalat, Wassersimse<br>Hübsche Gräser: Zypergras, Teichsimse |

Teich an einem möglichst frostfreien Ort (die meisten Wasserpflanzen vertragen zwar den Frost, aber das Eis würde das Gefäß sprengen). Werden die Pflanzen zu dicht, können Sie sie ohne weiteres teilen.

### Angenehmes Geplätscher – kleine Wasserbrunnen

Eine ebenfalls hübsche, aber keineswegs teure Anschaffung ist ein kleiner Brunnen. Er ist rasch eingebaut, braucht aber einen Stromanschluss in der Nähe. Eine ganz schlichte, sehr natürliche Variante sind Sprudelsteine, über die das Wasser ständig herunterfließt, was übrigens gerade auf glatt geschliffenen Steinen sehr schöne Lichteffekte erzielt.

Auch kleine Springbrunnen, mit einer sprudelnden Wasserfontäne in der Mitte oder ein Wasserspeier, bei dem eine Figur (Elfen, Nixen, Frösche oder Ähnliches) das Wasser in einen Wassertrog sprudeln lässt, sind mittlerweile durchaus erschwinglich (Bezugsadressen siehe Anhang) und leicht aufzubauen. Bei den Brunnen ist ebenfalls die Einhaltung des Wasserstands wichtig – prüfen Sie den Wasserspiegel regelmäßig nach; ist er nämlich zu niedrig, kann die Wasserpumpe überhitzen, weil sie statt Wasser nur noch Luft ansaugt. Stellen Sie deshalb die Pumpe ab, auch wenn Sie nur für wenige Tage verreisen. Im Winter wird der Brunnen entleert und die Pumpe in einem Eimer Wasser im frostfreien Kellerraum gelagert.

*Hübsche Farbkleckse im lichten Schatten unter Bäumen und am Teichrand sind Kugel-Primeln* (Primula denticulata).

# Lauschige Sitzplätze

## Jeder Mensch braucht seinen eigenen Rückzugsraum

Ein stilles Eckchen zum Ausruhen, den Blick schweifen zu lassen oder in einem schönen Buch zu schmökern – ist das nicht mit das Schönste, was unser Garten zu bieten hat? Aber auch wenn wir mit guten Freunden zusammensitzen, ist ein lauschiger Platz im schattigen Garten eine wohltuende Kulisse.
Doch was macht einen Sitzplatz für uns gemütlich? Psychologen wissen das natürlich und sogar die Gelehrten im alten China haben sich bereits damit beschäftigt. In ihrer blumigen Sprache haben sie die vier Elemente beschrieben, die für einen Sitzplatz wichtig sind.

## Die vier himmlischen Tiere

- Die „Schildkröte" bietet uns den Schutz nach hinten. Das heißt, unser Rücken sollte durch eine nicht einsehbare Sichtschutzwand, eine Mauer, eine Hauswand oder eine Hecke geschützt sein. Das vermittelt uns ein Gefühl der Stabilität.
- Der „Drache". Links von unserem Sitzplatz aus sollte ebenfalls ein gewisser Schutz vorhanden sein – aber nicht ganz so massiv und hoch wie zum Rücken hin.
- Dem gegenüber, zur rechten Seite hin, sitzt der „Tiger". Etwas niedriger als der Drache, aber immer noch etwas Schutz bietend.
- Ganz wichtig ist die Figur des „Phoenix" – er symbolisiert den freien Blick nach vorne und steht für eine schöne Aussicht, die man vom Sitzplatz aus betrachten kann.

## Einen gemütlichen Sitzplatz schaffen

Wenn wir das auf uns übertragen, wird es schon leichter, den richtigen Sitzplatz zu finden, beziehungsweise uns den Sitzplatz entsprechend zu gestalten. Natürlich spielt die jeweilige Bebauung (Nachbarhäuser, Bepflanzung des Nachbargartens, vorhandene Sichtschutzwände/Hecken der Nachbargrundstücke sowie die im eigenen Garten) eine wichtige Rolle.

*Hier lässt's sich aushalten! Die Elemente dieser Sitzbank (von Living Art) kann man leicht auseinander nehmen und an anderer Stelle wieder aufbauen. Sie können auch einzeln als Hocker oder Tischchen verwendet werden.*

Hier müssen wir uns mit den Gegebenheiten arrangieren. Nutzen Sie bereits vorhandenen Sichtschutz für einen „mobilen“ Sitzplatz. Gerade die modernen Holzmöbel sind rasch an einem schattigen Plätzchen aufgebaut und bieten die Möglichkeit, mit dem Schatten zu wandern. Vielleicht ist ja die Sichtschutzwand des Nachbarn, die uns schon lange ärgert, mit ein paar schönen, schattenverträglichen Kletterpflanzen (siehe Seite 40f.) bestückt, alsbald eine gute „Schildkröte“, die unseren Rücken schützt. Hohe Seitenmauern, Sichtschutzwände oder Hecken können uns ein-

*Üppige Blüten in zarten Pastelltönen: Hortensien (siehe Seite 29, 44f.) sind hübsche Begleiter halbschattig gelegener Terrassen und Hauseingänge.*

## Balkon- und Kübelpflanzen für den Halbschatten

| Deutscher Name | Tipp |
|---|---|
| Eis-Begonie | Als Gruppe mit mindestens drei bis fünf Pflanzen in ein Gefäß oder ins Beet setzen. |
| Knollen-Begonie | Verblühtes regelmäßig entfernen; nicht zu dunkel und feucht stellen, damit die Blätter nach einem Regenschauer gut abtrocknen können (sonst rasch Pilzbefall). |
| Fleißiges Lieschen | Hübsch in Kombination mit Hochstamm-Fuchsien (Farben Ton-in-Ton halten) |
| Fuchsie | Braucht zum Blühen einige Stunden am Tag Helligkeit, am besten an einen lichten, windgeschützten Platz stellen; sehr dekorativ |
| Gauklerblume | Auffallende, gelb- bis orangefarbene Blüten |
| Pfeilbambus | Gut gießen und regelmäßig düngen; in große Kübel setzen (sollte drei- bis viermal so groß wie der Wurzelballen sein) |
| Scheinbeere | In Rhododendron-Erde setzen; hübscher Herbstschmuck; mit Rhododendron- oder Hortensien-Dünger versorgen |
| Stiefmütterchen | Nach der Blüte aus dem Kübel nehmen, weil der Wuchs unschön wird. |

engen, wenn sie zu beiden Seiten hin vorhanden sind. Versuchen Sie hier, den Sitzplatz zu einer Seite hin zu öffnen oder niedriger zu gestalten.

Worauf blicken Sie, wenn Sie an einem schattigen Plätzchen im Garten sitzen? Achten Sie doch einmal darauf, ob Ihr Blick frei ist und auf etwas fällt, was Sie gerne ansehen mögen – oder ist Ihr Blick verstellt (zum Beispiel durch eine Rankpflanze, eine Pergola, eine Sichtschutzwand)? Hier kommt nämlich noch ein wichtiges Gestaltungselement zum Tragen: die Sichtachsen. Wenn Sie vom Haus nach draußen oder vom Sitzplatz nach vorne sehen, sollte am Ende der Sichtachse ein hübscher Blickfang (ein farbiges Blumenbeet, ein schöner Baum, eine hübsche Kübelpflanze oder Ähnliches) stehen. Versuchen Sie also, alles „Störende“ (zum Beispiel Baumaterial, Holzlatten, Wäschespinne, Gartengeräteschuppen, Gemüsebeet) in den Bereichen unterzubringen, die abseits der Blickachsen vom Haus oder vom Sitzplatz aus liegen und halten Sie sich den Blick, wenn möglich, von Ihrem Sitzplatz/Ihrer Terrasse aus frei. Bauen Sie eine Sichtschutzwand nach vorne hin nicht direkt vor Ihnen auf, sondern gehen Sie mit dem Sichtschutz so weit wie möglich zur Grundstücksgrenze hin; bepflanzen Sie ihn mit schattenverträglichen Kletterpflanzen, dann ist er auch gleich ein schöner Blickfang.

# Accessoires und Strukturen

*Bereits mit wenigen Accessoires kann man den Charme des Schattens unterstreichen: Eine Vogeltränke aus Naturstein, eine passende kleine Figur – beides gut in Szene gesetzt vor den lila Blüten des Storchschnabels* (Geranium).

## Vielfältiges Angebot

Schaut man sich auf den beliebten Gartenmessen oder in den Gartencentern um, ist das reichhaltige Angebot an hübschen Accessoires nicht zu übersehen. Gerade in einer Zeit, in der Haus und Garten eine immer größere Rolle spielen, möchten wir es uns auch im Garten so schön wie möglich machen.

## Grosse, ruhig gestaltete Gärten

Mit großen Metall- oder Tonkugeln, Amphoren (siehe Foto Seite 16), großen Schalen, ja sogar mit größeren Kunstgegenständen wie Tierfiguren aus Holz oder Metall, lässt sich Ihre Gartenanlage verschönern. Aber auch größere Weidengeflechte (als Obelisk, Rankhilfe, Fächer) oder ein hübscher Rosenbogen kommen hier sehr gut zur Geltung. Ein noch ungewöhnliches Accessoire sind Leuchtkugeln, die, mit Solarenergie betrieben, den abendlichen Garten im Sommer in geheimnisvolles Licht tauchen (Bezugsquelle, siehe Anhang). In großen Gärten sind auch die Wege ein wichtiges Gestaltungselement. Mit hellen Kieseln belegt, bringen sie zusätzliches Licht in Ihren Garten. Die Wege lassen sich auch durch die hübschen Formgehölze (wie Buchs als Kugel oder Pyramide geschnitten), entlang der Sichtachsen oder an den Wegbiegungen stehend, verschönern.

### Profi Tipp von mein schöner Garten

Dicke, knorrige Äste oder längere Stammstücke, die beim Baumschnitt angefallen sind, bilden eine gute Kulisse für die interessanten Blattzeichnungen der Stauden.

## Kleine Gärten und bunte Beete

Mit spielerischen Accessoires können Sie hier effektvolle Akzente setzen. Das können Ketten aus spiegelnden oder bunten Figuren am Baum, glänzende Rosenkugeln (Farbe der Kugel sollte mit einer der Blütenfarben übereinstimmen), allerhand hübsche Rankhilfen oder bunte Figuren an Stäben sein. Damit ein kleiner Garten Struktur erhält, sollten die Beete eine ruhige Einfassung bekommen, zum Beispiel aus Buchs oder schön gefärbten Pflastersteinen (schmale Pflastersteine am besten immer zweireihig verlegen).

## Hauseingang, Balkon, Terrasse

Hier sind Ihrer Fantasie keine Grenzen gesetzt und gerade hier wirken die Accessoires am schönsten – bilden Hauseingang und Terrasse ja den Übergang vom „Wohnen im Haus" zum „Wohnen im Garten". Damit alles zusammenpasst, noch ein paar Tipps:

- Lassen Sie die Farbe der Accessoires und der Blütenpflanzen mit der Farbe der Hauswand/der Pflasterung korrespondieren.
- Beachten Sie die Höhenstaffelung: Große, höhere Gegenstände/Pflanzen kommen nach hinten, kleinere nach vorne.
- Gruppieren Sie Ton-Kugeln oder kleine Figuren in verschiedenen Größen zu drei bis fünf Stück zusammen, größere Figuren können einzeln stehen.
- Blühende Pflanzen wirken besonders schön, wenn die Töpfe/Kübel oder andere Pflanzgefäße alle aus dem gleichen Material sind; auch eine Pflanzenetagere (Bezugsadresse siehe Anhang) verbindet bunte Topf-Blumen auf elegante Weise miteinander.
- Am schattigen Hauseingang oder in den Ecken der Terrasse kommen besonders die halbhohen Formgehölze im Kübel gut zur Geltung. Wählen Sie einen hellen, aber frostsicheren Übertopf aus.

*Weiß oder hellgrau gefärbte Steine hellen den Schatten auf. Hier bilden Lesesteine und Wegkies die passende Umrandung für das Grün und Weiß der Blattschmuckstauden (Funkien, Farne, links vorne eine panaschierte Segge).*

*Gerade die sanfte Patina, die früher oder später Rankhilfen, Figuren oder Zäune aus Metall überzieht, passt sehr gut zu anmutig wachsenden Blütenpflanzen (hier Tränendes Herz).*

### Schöne Materialien für den Schatten

**Findlinge; große, rundgeschliffene oder unregelmäßig geformte Steine:**
Als Mauer oder Beeteinfassung pflegebedürftig, weil sich in den Zwischenräumen leicht Unkräuter oder Gras ansiedeln.

**Holz:**
Kann als Bodenbelag nur dort verwendet werden, wo es nicht zu feucht ist. Gartenmöbel aus Holz bei lang anhaltendem Regen unterstellen; das Holz vor dem Winter einölen oder streichen.

**Naturstein-Platten-Wege oder -Treppen:**
Rutschgefahr! Lassen Sie sich beim Einkauf beraten, welche Natursteinplatten rutschsicher sind.

**Rindenmulch:**
Gut geeignet auch als Wegbelag und unter Gehölzpflanzungen; nicht für blühende Beete verwenden; wichtig als Mulchmaterial für Rhododendren; muss nach einigen Monaten neu aufgebracht werden, weil sich das Mulchsubstrat zersetzt.

# Blütenhighlights am Gehölzrand

Für romantisches Flair sorgt diese schöne und pflegeleichte Pflanzkombination aus Frühlings-Gedenkemein, gelb blühendem Lerchensporn und Tränendem Herz.

Sie können diese Kombination durch weitere Stauden ergänzen, so zum Beispiel Frauenfarn (*Athyrium filix-femina*), Wurmfarn (*Dryopteris filix-mas*), Storchschnabel (*Geranium*), Akelei (*Aquilegia*) oder das hübsch rosa/lila blühende Lungenkraut (*Pulmonaria saccharata*).

Als Strauch/hohe Leitstaude im Hintergrund kämen noch in Frage: Wiesenraute (*Thalictrum*), Herbst-Anemone, Roter Fächer-Ahorn (*Acer palmatum* 'Atropurpureum'), Samt-Hortensie (*Hydrangea sargentiana*) oder eine Kletter-Hortensie (dann eine Kletterpyramide aufstellen).

*Braucht Schutz vor Frost: Tränendes Herz* (Dicentra spectabilis)

*Verdrängt Unkraut: Frühlings-Gedenkemein* (Omphalodes verna)

*Liebt kalkhaltige Böden: Lerchensporn* (Corydalis lutea)

# Praxis

# Schattenbeete anlegen

Damit Ihre Schattenpflanzen gut gedeihen, sind zwei Dinge sehr wichtig: die Einstellung des optimalen pH-Wertes für die jeweiligen Pflanzenarten und ein lockerer, gut mit Nährstoffen versorgter Boden.

*Gerade in Schattenlagen sind die Böden oft schwer und verdichten sich rasch. Lockern Sie die freien Beetflächen im Spätherbst vorsichtig mit der Grabegabel auf.*

## PH-Wert einstellen

Der pH-Wert gibt Ihnen an, ob der Boden sauer, neutral oder alkalisch ist. Er spielt gerade für Rhododendren, Hortensien oder Farne, die saure Böden bevorzugen, eine wichtige Rolle. Im Schatten gelegene Böden sind meist von Natur aus schon sehr „sauer", weil die Rotteprozesse dort wesentlich langsamer ablaufen. Den pH-Wert können Sie ganz einfach mit einem pH-Bodentest-Set (zum Beispiel von Neudorff; im Gartencenter erhältlich) messen.

Wollen Sie Rhododendren, Azaleen oder Hortensien neu pflanzen, und ist der pH-Wert des Beetes „neutral", sollten Sie eine spezielle Moorbeeterde/Rhododendron-Erde benutzen (im Gartencenter erhältlich; Sträucher pflanzen siehe Seite 26f.). Versorgen Sie diese Pflanzen regelmäßig mit speziellem Rhododendron- oder Hortensien-Dünger; prüfen Sie etwa einmal im Jahr, ob der pH-Wert des Beetes noch niedrig genug ist und bringen Sie öfter Rindenmulch oder frischen Kompost auf.

Ist der pH-Wert Ihres Bodens niedrig (man spricht von „saurem Boden") und Sie wollen Pflanzen setzen, die einen höheren pH-Wert bevorzugen (dazu gehören die meisten Gartenpflanzen), dann müssen Sie nach dem Auflockern, am besten bei feuchtem Wetter im Frühjahr oder Herbst, „Branntkalk" einstreuen, (die Mengenangaben auf der Packung beachten), um den pH-Wert zu erhöhen. Messen Sie auch hier etwa einmal im Jahr erneut den pH-Wert und bessern Sie gegebenenfalls erneut mit Branntkalk nach.

## Unkräuter wirkungsvoll bekämpfen

| Unkräuter | Ausbreitung | Bekämpfung |
|---|---|---|
| Acker-Winde, Löwenzahn | Pfahlwurzeln | Pfahlwurzeln mit Unkrautstecher entfernen, tiefgründige Bodenlockerung |
| Brennnessel, Franzosenkraut, Melde, Schachtelhalm, Vogel-Knöterich, Vogelmiere | Samen | Regelmäßig hacken und mulchen; vor dem Blühen entfernen |
| Giersch, Quecke | Unterirdische Ausläufer | Hacken und Wurzelstöcke mit herausnehmen, danach für mehrere Monate eine Mulchfolie auslegen, im Herbst umgraben und im folgenden Frühjahr den Boden durchsieben. |

## Den Boden gut lockern

Ist Ihr Boden lehmig, schwer und eher feucht, sollten Sie zunächst sehr gründlich jäten (siehe Kasten; machen Sie das bei feuchtem, aber nicht zu nassen Boden – dann lassen sich die Unkräuter leichter entfernen). Graben Sie dann die Fläche im Spätherbst um. Die Bodenschollen werden durch den Frost im Winter feinkrümeliger und der Boden dadurch lockerer. Arbeiten Sie dann noch im folgenden Frühjahr vor dem Bepflanzen gröberen Sand mit ein.

Bei allen anderen Böden reicht es, wenn Sie den Oberboden kurz vor dem Bepflanzen jäten und ihn einmal kräftig mit einer Harke, einem Kreil oder einer Grabegabel lockern – achten Sie darauf, dass Sie eventuell vorhandene Baumwurzeln nicht zu stark verletzen!

Ist der Boden trocken und stark durchwurzelt, müssen Sie nach dem Auflockern das Beet noch einmal gründlich wässern; arbeiten Sie vor dem Einsetzen der Pflanzen zusätzlich organischen Dünger mit ein. Denken Sie daran, an diesen trockenen Stellen regelmäßig zu gießen oder wässern Sie an trockenen Tagen das Beet (vormittags oder abends) mit dem Rasensprenger.

Sind viele dickere Wurzelstränge im Boden, stecken sie nur flache Soden ab und drehen Sie diese um.

*Ein eindrucksvolles Beet. Planen Sie beim Einkauf pro Quadratmeter Beetfläche circa 2 bis 5 hohe Stauden (100 bis 200 cm Wuchshöhe) oder 5 bis 9 halbhohe Stauden (50 bis 90 cm Höhe), oder 12 bis 16 Bodendecker ein.*



## Ein Staudenbeet bepflanzen

*1. Stauden auslegen: Vor dem Einpflanzen gruppieren Sie die jungen Stauden noch im Topf auf das Beet. Bedenken Sie die spätere Wuchshöhe (die höchsten Pflanzen in die Mitte oder ganz nach hinten setzen) und die Wuchsbreite (ausreichend Abstand zwischen den Pflanzen lassen).*

*2. Stauden pflanzen: Nun können Sie die Stauden an Ort und Stelle austopfen und einpflanzen. Formen Sie ein ausreichend tiefes Pflanzloch – der Wurzelballen muss vollständig im Erdreich liegen und ausreichend Platz haben.*

*3. Wässern und mulchen: Jetzt den Ballen einsetzen – schließt der Wurzelhals mit der Beetfläche eben ab, stimmt die Pflanztiefe Dann können Sie das Pflanzloch auffüllen, die Erde um die Pflanze herum andrücken, gut angießen und die freien Flächen gegebenenfalls mulchen.*

# Schattenpflanzen einen Platz geben

## Sträucher und Bäume richtig pflanzen

- Stellen Sie zunächst die neuen Pflanzen im Pflanztopf oder im Ballen dort auf, wo Sie sie nachher einsetzen wollen.
  Passen die Abstände zu den bereits vorhandenen Gehölzen? Haben die Sträucher/Bäume (auch in 5 Jahren noch) ausreichend Platz (bedenken Sie die endgültige Wuchshöhe und -breite)? Drehen Sie Sträucher/Bäume so, dass ihr „Gesicht" von mehreren Seiten aus gut zu sehen ist (die kürzeren Zweige zeigen nach vorn, die längeren Zweige/der höhere Teil der Pflanze bleibt im Hintergrund).
- Tauchen Sie nun den Wurzelballen (Pflanzen vorher aus dem Topf nehmen) für 5 bis 10 Minuten in einen großen Eimer mit Wasser, bis alle Wurzeln gut mit Wasser durchtränkt sind. Heben Sie dann eine großzügige Pflanzgrube aus (sie sollte doppelt so breit wie der Wurzelballen und etwa

*Als Pflanze der Waldränder bevorzugt die Clematis einen windgeschützten, lichten, aber nicht zu sonnigen Platz.*





## Kletterpflanzen an der Hauswand einsetzen

*1. Pflanzen einsetzen: Prüfen Sie zunächst, ob der Boden tiefgründig genug ist. Falls nicht, den Bauschutt entfernen und reichlich mit Pflanzerde auffüllen. Bei dichten Böden eine Drainage-Schicht aus Kies oder Tonscherben zuunterst legen. Den Wurzelballen schräg einsetzen.*

*2. Kletterer aufbinden: Geben Sie Ihrer Kletterpflanze gleich eine passende Kletterhilfe (sogenannte „Selbstklimmer" wie Efeu oder Wilden Wein nicht an rissige Mauern setzen). Das Rankgerüst sollte etwa 10 cm Abstand zur Hauswand haben. Die Triebe locker auffächern und festbinden.*

*3. Mulchen: An der Hauswand trocknet die Erde rasch aus – mulchen Sie die Fläche und gießen Sie nach dem Pflanzen gut an. Wässern Sie auch weiterhin, sobald der Oberboden trocken ist. Halten Sie die Fläche unkrautfrei, damit die Jungpflanze gut anwachsen kann.*

10 bis 15 cm tiefer als die Höhe des Ballens sein). Sträucher, bei denen die Wurzeln frei liegen (sogenannte „wurzelnackte" Pflanzen), werden vor dem Pflanzen an den Wurzeln und den Trieben um circa ein Drittel ihrer Länge gekürzt.

▸ Füllen Sie den Boden der Pflanzgrube dann mit Erde auf und setzen Sie die Pflanze so ein, dass der Wurzelhals (das ist der Übergang zwischen den Wurzeln und den Ästen/dem Stamm) auf Bodenhöhe liegt – gegebenenfalls müssen Sie nochmals Erde einfüllen oder entnehmen. Passt die Pflanzhöhe, füllen Sie die Grube weiter mit der entsprechenden Pflanzerde vollständig auf. Treten Sie die Erde vorsichtig von allen Seiten mit dem Fuß fest, damit die Wurzeln guten Bodenkontakt bekommen (achten Sie dabei darauf, dass die Pflanze gerade steht). In die flache Mulde, die dabei entsteht, füllen Sie nun langsam Wasser ein, bis es überzulaufen beginnt. Lassen Sie es erst einsickern und gießen Sie dann erneut noch ein- bis zweimal nach. Lockern Sie den Boden um die Pflanzen herum gelegentlich auf.

*Zauberhafte Blüte eines Iran-Lauchs* (Allium alfatunense), *umgeben von sanft-hellgrünen Farnblättern. Etwas niedriger, aber mit einem interessanten bläulich-grünen Blatt ausgezeichnet, ist der Blauzungen-Lauch* (A. karataviense).

# Schattengärten pflegen

*Hortensien brauchen eine liebevolle Hand, dazu gehört auch der regelmäßige Rückschnitt im Frühjahr (siehe Seite 44f.).*

## Zauberhafte Ausstrahlung

Um die Schönheit eines Schattengartens mit seinen alten Bäumen, eindrucksvollen Stauden und bunten Farbtupfen der Blüten zu erhalten, braucht man etwas Zeit. Denn gerade die schattigen Bereiche sind durch die hohe Luftfeuchtigkeit (besonders an feuchten Regen- oder Nebeltagen) und die stehende Luft zwischen den großen, oft eng nebeneinander stehenden Pflanzen, ideale Lebensräume für pflanzliche Schaderreger. Pilzerkrankungen wie Echter und Falscher Mehltau, Bakteriosen, aber auch Nährstoffmangelerkrankungen treten hier öfter auf als an sonnigen Plätzen im Garten. Wichtig ist es, für eine gute Durchlüftung zu sorgen (Sträucher auslichten, Bäumen ausreichend Platz geben, Hecken und Kletterpflanzen nicht wuchern lassen, sondern regelmäßig zurückschneiden), den Boden zu pflegen (durch häufiges Jäten und Auflockern) und die Pflanzen mit Nährstoffen zu versorgen – vor allem diejenigen, die besondere Ansprüche an die Nährstoffversorgung haben.



## Häufige Pflegearbeiten im Schattengarten

*Heckenschnitt:*
*An feuchten, bedeckten Sommertagen ist es Zeit für den Heckenschnitt. Damit die Hecke dicht bleibt, sollten die Flanken nach unten hin immer breiter werden (rechnen Sie unten 10 % der Heckenhöhe dazu; die Heckenoberkante bleibt schmaler).*

*Rasen vertikutieren:*
*Damit der Rasen nicht vermoost, ist das regelmäßige Vertikutieren im Frühjahr wichtig (Motor-Vertikutierer im Baumarkt oder Gartenfachhandel ausleihen). Vertikutieren Sie die Rasenfläche einmal in Längsrichtung und dann noch einmal quer dazu (siehe auch S. 14).*

*Sträucher auslichten:*
*Überalterte Sträucher brauchen einen Auslichtungsschnitt. Schneiden Sie die Frühjahrsblüher erst nach der Blüte, die Sommerblüher können bereits im Februar ausgelichtet werden. Setzen Sie die Schere kurz über dem Boden oder direkt an einer Verzweigungsstelle an.*

## Pflege der beliebtesten Schattenpflanzen auf einen Blick

| | |
|---|---|
| **Buchs** | An einen lichten- bis schattigen Platz in normale Garten- oder Pflanzerde (wenn in Kübel gepflanzt) setzen; bei anhaltender Trockenheit (an frostfreien Tagen auch im Winter) gut wässern; regelmäßig mit Langzeitdünger (Hornspäne; einmal im Frühjahr zugeben) oder mit Buchsbaum-Dünger versorgen; als Hecke oder Formgehölz regelmäßig im März und/oder Juni bei feuchter Witterung schneiden. |
| **Hortensie** | An einen geschützten, lichten- bis halbschattigen Platz setzen, dabei Rhododendron-Erde verwenden; von März bis August regelmäßig mit Hortensien-Dünger versorgen; die Pflanzen reagieren empfindlich auf Wurzeldruck – deshalb nicht in die Nähe älterer Gehölze stellen und Unkräuter regelmäßig entfernen; Boden locker halten; im Winter die Triebe mit Reisig vor Frost und Wind schützen. |
| **Nadelgehölze** | Junge, frisch gesetzte Pflanzen bei trockenem Wetter gut gießen und ein- bis zweimal im Jahr mit Langzeitdünger (Hornspäne) oder mit Koniferen-Dünger versorgen; älteren Pflanzen immer ausreichend Platz zum Wachsen geben. Nadelgehölze in Einstellung nicht schneiden! |
| **Rhododendron** | Am wichtigsten ist der richtige Boden (der pH-Wert sollte zwischen 4,5 und 5,5 liegen – siehe Seite 24f.); mittlerweile werden auch viele Sorten auf sogenannte „Inkarho®"-Unterlagen veredelt, die kalkverträglich sind; der Boden sollte locker und durchlässig sein; den Wurzelraum ständig mit Rindenmulch, Nadel- oder Laubstreu bedecken, die Pflanzen regelmäßig mit Rhododendron-Dünger versorgen; bei anhaltender Trockenheit ausgiebig wässern. |

## Gehölze auslichten, Stauden pflegen

Um die Gesundheit Ihrer Blütensträucher und die Schönheit alter Obstbäume zu fördern, ist das Auslichten sehr wichtig. Entfernen Sie bei den Sträuchern vor allem die älteren und sehr dünnen Triebe, auch die abgestorbenen Triebe können Sie ganz herausnehmen (siehe Zeichnung Seite 28 ganz rechts). Bei den Obstbäumen schneiden Sie im Februar/März zuerst die senkrecht nach oben wachsenden, sogenannte „Wasserschosser", heraus. Dann entfernen Sie die Äste, die tot sind, nach innen wachsen oder sich überkreuzen.

Wachsen die Sträucher zu dicht, müssen Sie einige ganz (das heißt mit dem Wurzelstock) herausnehmen. Ein radikaler Rückschnitt hilft nur kurzfristig, weil die Pflanzen danach umso kräftiger austreiben. Auch die Ausläufer mancher Sträucher, so zum Beispiel bei Haselnuss oder Spiere, sollten Sie ab und zu entfernen (mit dem Spaten abstechen und ausgraben). Bei den Stauden schneiden Sie im Frühjahr alle abgestorbenen Blätter/Stängel kurz über dem Boden ab.

*Kleine Gehölze, egal ob sie im Kübel oder im Beet stehen, brauchen an frostigen, sonnigen Wintertagen Schutz: legen Sie eine Vlies- , Kokos-, Schilf- oder Reisigabdeckung über.*

# Was im Schatten nicht gedeiht

Die meisten unserer Schattenpflanzen sind ursprünglich Wald- oder Waldrandbewohner – sie kommen also von Standorten, die fast immer halbschattig oder schattig sind. Clematis, Hopfen oder das hübsche Lungenkraut seien nur als einige Vertreter genannt.

*Alle Obstsorten brauchen Sonne, um gut auszureifen (hier Kirschen).*

## Sonnenanbeter

Gartenpflanzen, die aus sonnigeren, oft auch wärmeren Gefilden unserer Erde kommen, brauchen auch in unserem Garten einen sonnigen Platz. Dazu gehören:

- Viele Küchenkräuter (sie kommen ursprünglich aus dem Mittelmeergebiet), so zum Beispiel Lavendel, Salbei, Borretsch, Thymian oder Rosmarin.
- Rosen; es gibt aber auch Sorten, die zumindest an einem luftigen, halbschattigen Standort (mit mindestens 5 Stunden Sonne am Tag) zurechtkommen. Es sind dies zum Beispiel die Sorten 'Gebrüder Grimm®' und 'Aprikola®' (beides Beetrosen), 'Christoph Columbus®' (Edelrose), 'Schneeflocke®' (Kleinstrauchrose), 'Westerland®' (Strauchrose), 'Kir Royal®' und 'Veilchenblau®' (beides Kletterrosen) sowie 'Orange Meillandina®' (Zwergrose).
- Alle Gemüse- und Obstsorten.
- Die Zierformen der Obstgehölze, zum Beispiel Zier-Kirsche (unter anderem auch die Japanische Blütenkirsche), Zier-Pflaume, Zier-Apfel, Mandelbäumchen oder Zier-Johannisbeere.
- Viele der reich blühenden Ziersträucher (zum Beispiel Flieder, Forsythie, Spiere, Feuerdorn). Sie wachsen zwar auch im Schatten, bilden aber wesentlich weniger Blüten aus (lassen Sie sich beim Einkauf der Ziersträucher deshalb immer vom Fachpersonal beraten).

*Küchenkräuter (hier Borretsch) sind ebenfalls auf ein sonniges Plätzchen angewiesen.*

*Auch die Gemüsepflanzen (hier Salat) mögen es warm und sonnig.*

Bei den Stauden kann man – über den Daumen gepeilt – sagen, dass die großblütigen Sommerblüher auch Sonnenanbeter sind. Die Stauden mit imposanten Blattwerk sind meist besser für den Schatten geeignet. Beim Einkauf von Stauden ist die Beratung durch das Fachpersonal am wichtigsten, denn sie können sich nicht so flexibel an schwierigere Standortbedingungen anpassen wie Gehölze (oft sind Stauden in den Fachgeschäften jedoch bereits nach Standortvorlieben sortiert).

**Profi Tipp von mein schöner Garten**

Wenn Sie merken, dass eine Pflanze nicht so recht im Schatten gedeiht, sollten Sie sie an einen helleren Platz setzen. Im Frühjahr oder Herbst ist die beste Zeit dafür. Ältere Sträucher vertragen einen „Umzug“ im Allgemeinen jedoch nicht mehr.

# Porträts

# Anmutige Stauden

## Weicher Frauenmantel
*Alchemilla mollis*

**Blüte:** gelblich grün von Juni bis Juli. **Blatt:** 9- bis 11-lappig, weich behaart, rundlich, blass- bis gelblich grün. **Wuchs:** 40 bis 50 cm hoch und 60 bis 80 cm breit. **Standort:** sonnig bis halbschattig; im Halbschatten von Bäumen. **Verwendung:** bunte Beet- und Staudenpflanzungen, Bodendecker, Gehölzrand, Einfassung, Bauerngarten, passt zu Glockenblumen (*Campanula*), Pracht-Storchschnabel (*Geranium* x *magnificum*), Taglilien (*Hemerocallis*). **Pflege:** regelmäßig bis häufig gießen, mäßig düngen. **Besonderes:** bildet dichte Bestände, Schnittblume.

## Japanische Herbst-Anemone
*Anemone hupehensis*

**Blüte:** weiß, rosa, violett von August bis September. **Blatt:** dunkelgrün. **Wuchs:** 80 bis 100 cm hoch und 50 bis 60 cm breit, aufrecht buschig. **Standort:** sonnig bis halbschattig. **Verwendung:** für bunte Beet- und Staudenpflanzungen, schön am Gehölzrand und für Beeteinfassungen, Bauerngartenpflanze. **Pflege:** regelmäßig gießen, gleichmäßig feucht halten, mäßig düngen. **Besonderes:** grazile Blume mit auffälligen Blüten, für Gärten in japanischem Stil geeignet, robust und pflegeleicht, breitet sich von selbst aus, blüht bis in den Spätherbst hinein!

## Weitere Anmutige Stauden

**Blauer Eisenhut** *Aconitum napellus* blüht blauviolett von Juli bis August. **Licht:** sonnig bis halbschattig. **Tipp:** auffallende Blüten.

**Großes Windröschen** *Anemone sylvestris* blüht weiß von Mai bis Juni. **Blatt:** mittelgrün. **Licht:** sonnig bis halbschattig. **Tipp:** pflegeleicht.

**Akelei** *Aquilegia*-Hybriden blüht in vielen Farben von Mai bis Juni. **Blatt:** blaugrün, vergilbt bald nach der Blüte. **Licht:** halbschattig. **Tipp:** pflegeleicht.

**Prachtspiere** *Astilbe japonica* blüht weiß, rosa, rot von Juni bis Juli. **Licht:** halbschattig. **Tipp:** die auffallenden Blüten hellen den Schatten auf.

## Tränendes Herz

*Dicentra spectabilis*

**Blüte:** rosa mit Weiß und Reinweiß von Mai bis Juni. **Blatt:** zusammengesetzt zweifach 3-fingrig, eiförmige bis eingeschnittene Einzelblättchen, graugrün, bläulich grün. **Wuchs:** 40 bis 70 cm hoch und 40 bis 70 cm breit. **Standort:** licht bis halbschattig. **Verwendung:** für bunte Beet- und Staudenpflanzungen, Einzelstellung, Gehölzrand, Bauerngarten. **Pflege:** regelmäßig gießen, ausgeglichener Nährstoffbedarf, vor Frost schützen (mit Reisig abdecken). **Besonderes:** Sorten 'Alba' und 'Weißherz' blühen weiß.

## Pracht-Storchschnabel

*Geranium x magnificum*

**Blüte:** blauviolett von Juni bis Juli, Nachblüte. **Blatt:** 5- bis 7-teilig, 5- bis 7-lappig, grün. **Wuchs:** 40 bis 60 cm hoch und bis 60 cm breit. **Standort:** sonnig bis halbschattig. **Verwendung:** für bunte Beet- und Staudenpflanzungen, Gehölzrand, Bodendecker. **Pflege:** regelmäßig gießen, ausgeglichener bis hoher Nährstoffbedarf. **Besonderes:** kompakter, stabiler Wuchs, auffallende Blüten, die im Spätsommer ein zweites Mal blühen (Nachblüte), wenn Sie nach der ersten Blüte zurückgeschnitten werden; lockt Bienen und Schmetterlinge an.



**Polsterglockenblume** *Campanula portenschlagiana* blüht violett von Juni bis Juli. **Licht:** sonnig bis halbschattig. **Tipp:** breitet sich stark aus.

**Lanzen-Silberkerze** *Cimcifuga racemosa* var. cordifolia blüht weiß von August bis September. **Licht:** halbschattig. **Tipp:** hoch gewachsener Blickfang für Beete.

**Przewalski-Kerzengoldkolben** *Ligularia przewalskii* blüht gelb von Juli bis August. **Blatt:** dunkelgrün, fächerförmig. **Licht:** halbschattig.

**Kissen-Primel** *Primula-Vulgaris*-Hybriden blüht in vielen Farben von März bis April. **Blatt:** zungenförmig, mittelgrün. **Licht:** halbschattig. **Tipp:** in Gruppen pflanzen.

# Prächtige, große Stauden

## Wald-Geißbart
*Aruncus diocius*

**Blüte:** weiß von Juni bis Juli. **Blatt:** frischgrün, mehrfach gefiedert, großblättrig. **Wuchs:** 150 bis 200 cm hoch und 90 bis 150 cm breit. **Standort:** halbschattig bis schattig. **Verwendung:** für bunte Beet- und Staudenpflanzungen, Gehölzrand, Teichanschlusszone, schön als Hintergrundpflanze. **Pflege:** regelmäßig gießen, ausgeglichener bis hoher Nährstoffbedarf, der Spross wird im späten Herbst oder zeitigen Frühjahr zurückgeschnitten. **Besonderes:** große, dekorative Blüten. Sehr gut für große Gärten geeignet.

## Altai-Herzblatt-Bergenie
*Bergenia cordifolia*

**Blüte:** rosa von April bis Mai. **Blatt:** mittel- bis dunkelgrün, teils rötlich grün, wintergrün. **Wuchs:** 40 bis 50 cm hoch und 50 bis 60 cm breit. **Standort:** sonnig bis halbschattig. **Verwendung:** genügsamer und robuster Frühlingsblüher, für bunte Beet- und Staudenpflanzungen, gut geeignet als Beeteinfassung oder Grabbepflanzung, schön auch als Bodendecker in großen Beeten. **Pflege:** regelmäßig gießen, hoher Nährstoffbedarf, unverwüstlich. **Besonderes:** auffallende Blätter, schnell wachsend.

### Weitere Schönheiten fürs Staudenbeet

**Maiglöckchen** *Convallaria majalis* blüht weiß im Mai, intensiv duftend. **Licht:** halbschattig. **Tipp:** ungewöhnliche Blüten, bildet dichte Bestände.

**Gefingerter Lerchensporn** *Corydalis solida* blüht weiß, rosa, rötlich, lila, bläulich von März bis April. **Licht:** halbschattig. **Tipp:** versamt sich.

**Zwerg-Herzblume** *Dicentra eximia* blüht violettrosa von Juni bis August. **Licht:** sonnig bis halbschattig. **Tipp:** für bunte Beet- und Staudenpflanzungen.

**Frühlings-Nieswurz** *Helleborus orientalis* blüht weißlich bis purpur von Februar bis April. **Licht:** sonnig bis halbschattig. **Tipp:** schöne Blüten.

## Schneefeder-Funkie

*Hosta* x 'Undulata Univittata'

**Blüte:** hellviolett von Juni bis Juli. **Blatt:** grünweiß gemustert. **Wuchs:** 40 bis 50 cm hoch und genauso breit, rundlich buschig bis überhängende Staude, horstbildend. **Standort:** halbschattig. **Verwendung:** für bunte Beet- und Staudenpflanzungen, Gehölzrand, zur Unterpflanzung von Baum- und Strauchgruppen, Töpfe und Kübel, Bauerngarten. **Pflege:** gleichmäßig bis häufig gießen, ausgeglichen düngen. **Besonderes:** sehr schöne Blattschmuckstaude, es gibt noch viele andere Funkienarten und -sorten, mit grünen, bläulichen oder panaschierten Blättern.

## Gestieltblättriges Schaublatt

*Rodgersia podophylla*

**Blüte:** grünlich weiß von Juni bis Juli. **Blatt:** runzelig, fächerförmig, bis 40 cm groß, mittelgrün, bräunlich behaart, bronzefarbener Austrieb. **Wuchs:** 130 bis 150 cm hoch und 120 bis 150 cm breit. **Standort:** halbschattig. **Verwendung:** Einzelstellung, Gehölz- und Teichrand, Japan- und Bauerngarten. **Pflege:** regelmäßig bis häufig gießen, ausgeglichener Nährstoffbedarf, vor Wurzelunkräutern schützen (siehe Seite 24). **Besonderes:** auffallende, große Blätter, passt gut zu Silberkerzen (*Cimicifuga*), Schattengräsern und Farnen. Für große Gärten geeignet.



**Purpurglöckchen** *Heuchera* x *brizoides* blüht rosarot von Juni bis Juli. **Blatt:** dunkelrot. **Licht:** halbschattig. **Tipp:** für bunte Beet- und Staudenpflanzungen.

**Schattenblümchen** *Maianthemum bifolium* blüht weiß von Mai bis Juni. **Blatt:** herzförmig, tiefgrün. **Licht:** sonnig bis halbschattig.

**Salomonsiegel/Vielblütige Weißwurz** *Polygonatum multiflorum* blüht weiß von Mai bis Juni. **Blatt:** oval, blass- bis mittelgrün. **Licht:** halbschattig bis schattig.

**Chinesische Wiesenraute** *Thalictrum delavayi* blüht hellblau-rosa von Juli bis August. **Licht:** halbschattig. **Tipp:** hohe Staude (bis 2 m).

# Effektvolle Bodendecker

## Kriechender Günsel

*Ajuga reptans*

**Blüte:** blauviolett von Mai bis Juni. **Blatt:** dunkel- bis olivgrün. **Wuchs:** 15 bis 20 cm hoch, kann wuchern. **Standort:** sonnig bis halbschattig. **Verwendung:** für bunte Beet- und Staudenpflanzungen, Bodendecker, Gehölzrand, Beeteinfassung. **Pflege:** regelmäßig bis häufig gießen, nicht zu stark düngen. **Besonderes:** die Sorte 'Alba' besitzt weiße Blüten, 'Atropurpurea' violettblaue und schönes violettbraunes Laub, 'Multicolor' hat mehrfarbiges Laub und violettblaue Blüten, passt zu Immergrün (*Vinca*) und Schaumblüte (*Tiarella*).

## Gewöhnlicher Efeu

*Hedera helix*

**Blüte:** grüngelb im September. **Blatt:** 3- bis 5-lappig, ledrig, glänzend, je nach Sorte in verschiedenen Grüntönen, auch panaschiert. **Wuchs:** 20 cm bis 20 m hoch und breit. **Standort:** lichtschattig bis schattig. **Verwendung:** Bodenbegrünung, Wandbegrünung (ungeeignet für rissige Mauern), Kübel- und Topfkultur. **Pflege:** gleichmäßig gießen, mäßig düngen, Rückschnitt im Frühjahr. **Besonderes:** auffallende Früchte, unzählige Sorten mit weiß- und gelb panaschiertem Laub und unterschiedlichen Blatt- und Wuchsformen, ganze Pflanze ist giftig, immergrün.

### Attraktive Bodendecker

**Kaukasus-Vergissmeinnicht** *Brunnera macrophylla* blüht blau von März/April bis Juli. **Licht:** sonnig bis schattig. **Tipp:** auffallende Blätter.

**Kanadischer Hartriegel** *Cornus canadensis* blüht weiß im Juni. **Licht:** halbschattig bis schattig. **Tipp:** leuchtend hellrote Beeren, rötliche Herbstfärbung.

**Elfenblume** *Epimedium x versicolor* blüht weißlich von April bis Mai. **Blatt:** mittelgrün, im Frühjahr kupferbraun. **Licht:** halbschattig.

**Echte Goldnessel** *Lamium galeobdolon* blüht gelb von Mai bis Juni. **Blatt:** mittelgrün, silbrig gefleckt, auffallend. **Licht:** halbschattig bis schattig.

## Dickmännchen, Ysander
*Pachysandra terminalis*

**Blüte:** weiß von April bis Mai. **Blatt:** rhomben- bis rautenförmig, verkehrt-eiförmig, bis 10 cm lang, glänzend dunkelgrün, wintergrün bis immergrün. **Wuchs:** 20 bis 30 cm hoch und breiter als hoch. **Standort:** halbschattig bis schattig. **Verwendung:** Bodenbegrünung, Beeteinfassung, Grabbepflanzung, Japangarten, Unterpflanzung von Bäumen. **Pflege:** wenig bis regelmäßig gießen, darf nicht austrocknen, mäßig düngen, hitzeempfindlich. **Besonderes:** hübscher Bodendecker, von dem es auch die Sorte 'Kompakt' mit weißgrün panaschiertem Laub gibt.

## Kleinblättriges Immergrün
*Vinca minor*

**Blüte:** hellblau von April bis Mai, Nachblüte im September. **Blatt:** elliptisch bis lanzettlich, glänzend dunkelgrün, manche Sorten panaschiert, immergrün. **Wuchs:** 10 bis 30 cm hoch. **Standort:** sonnig bis schattig. **Verwendung:** Bodenbegrünung, Beeteinfassung, Grabbepflanzung, kleine und große Gärten, Kübel- und Topfkultur. **Pflege:** regelmäßig bis häufig gießen, mäßig düngen. **Besonderes:** einheimisch, robust, immergrün, wächst sogar im trockenen Schatten unter Nadelbäumen, es gibt auch Sorten mit weißen oder rosafarbenen Blüten.



**Gedenkemein** *Omphalodes verna* blüht blau von März/April bis Mai. **Blatt:** behaart, mittelgrün. **Licht:** sonnig bis halbschattig.
**Echtes Lungenkraut** *Pulmonaria officinalis* blüht rosa bis blauviolett von März bis Mai. **Blatt:** mittel- bis dunkelgrün, weiß gefleckt. **Licht:** halbschattig.

**Schaumblüte** *Tiarella cordifolia* blüht weiß von April bis Mai. **Blatt:** blassgrün, immergrün. **Licht:** halbschattig bis schattig.
**Dreiblättrige Waldsteinie** *Waldsteinia ternata* blüht leuchtend gelb von April bis Mai. **Licht:** sonnig bis halbschattig. **Tipp:** flächendeckender Wuchs.

# Farne und Gräser

## Heimischer Goldschuppenfarn
*Dryopteris affinis*

**Blatt:** lanzettliche, 2-fach gefiederte Wedel bis zu 80 cm lang, dunkelgrün. **Wuchs:** 50 bis 100 cm hoch und 60 bis 90 cm breit. **Standort:** halbschattig. **Verwendung:** Einzelstellung, Teichrand, Unterpflanzung von Baum- und Strauchgruppen. **Pflege:** regelmäßig bis häufig gießen, nicht austrocknen lassen, mäßig düngen. **Besonderes:** passt gut zu Elfenblume (*Epimedium*), Glockenblume (*Campanula*) oder Schattengräsern, toleriert bei ausreichender Feuchtigkeit auch etwas Sonne.

## Heimischer Straußfarn
*Matteuccia struthiopteris*

**Blatt:** lanzettliche, 2-fach gefiederte Wedel (bis 120 cm lang), olivgrün. **Wuchs:** 100 bis 150 cm hoch und 80 bis 120 cm breit. **Standort:** halbschattig bis schattig. **Verwendung:** Ergänzung von Blumenbeeten und Staudenpflanzungen, Unterpflanzung von Baum- und Strauchgruppen, Teichrand. **Pflege:** regelmäßig bis häufig gießen, hoher Wasserbedarf, selten düngen, im Frühjahr abgestorbene Wedel entfernen. **Besonderes:** Vorsicht, kann sich stark ausbreiten, daher in eingesenkte Kübel pflanzen, ideal für große Gärten.

## Schattenverträgliche Farne und Gräser

**Pfauenradfarn** *Adiantum pedatum* **Blatt:** breit lanzettliche bis eiförmige, 2-fach gefiederte Wedel, mittelgrün. **Licht:** halbschattig bis schattig.

**Hirschzungenfarn** *Asplenium scolopendrium* **Blatt:** ungeteilte Wedel (bis 40 cm lang), glänzend grün. **Licht:** halbschattig.

**Königsfarn** *Osmunda regalis* **Blatt:** gefiederte Wedel (bis 100 cm lang), gelblich- bis hellgrün. **Licht:** halbschattig bis schattig. **Tipp:** Einzelpflanzung.

**Borstiger Schildfarn** *Polystichum setiferum* **Blatt:** gefiederte Wedel, mattgrün. **Licht:** halbschattig. **Tipp:** zur Ergänzung von Beeten.

## Rasen-Schmiele

*Deschampsia cespitosa*

**Blüte:** von Juni bis August. **Blatt:** rau, steif, schmal linealisch, bandförmig, mittelgrün, wintergrün. **Wuchs:** 90 bis 120 cm hoch und 60 bis 90 cm breit. **Standort:** sonnig bis halbschattig. **Verwendung:** für Feuchtwiesen und Teich- oder Bachrand, auch für feuchte Gehölzränder. **Pflege:** regelmäßig bis häufig gießen, mäßig düngen. **Besonderes:** kann durch Selbstaussaat lästig werden und wuchern, deshalb nur sparsam verwenden, empfehlenswerte Sorten sind 'Bronzeschleier' mit goldbraunen, 'Goldschleier' mit hellgelben und 'Tauträger' mit gelbgrünen Ähren.

## Pfeifengras

*Molinia arundinacea* (Bild: 'Karl Förster')

**Blüte:** von August bis September. **Blatt:** breit, flach, lineallänglich, bis 50 cm lang, mittelgrün. **Wuchs:** 20 bis 250 cm hoch und 40 bis 60 cm breit. **Standort:** sonnig bis halbschattig. **Verwendung:** für bunte Beet- und Staudenpflanzungen, Einzelstellung, schnittverträglich, besonders schön im Herbst an vom Sitzplatz einsehbaren Plätzen. **Pflege:** regelmäßig bis häufig gießen, selten düngen, abgeblühte Blütenstände im späten Herbst oder zeitigen Frühjahr abschneiden. **Besonderes:** die Sorten 'Karl Förster' und 'Windspiel' sind besonders attraktiv.



**Berg-Segge** *Carex montana* blüht goldgelb von März bis Mai. **Blatt:** schmal, grasartig, mittelgrün. **Licht:** sonnig bis halbschattig. **Tipp:** horstbildend.

**Schirm-Bambus** *Fargesia murieliae* blüht selten. **Blatt:** weiß- oder gelbgrün gemustert, immergrün. **Licht:** sonnig bis halbschattig.

**Wald-Hainsimse** *Luzula sylvatica* **Blatt:** glänzend dunkelgrün, wintergrün. **Licht:** halbschattig bis schattig.

**Knoten-Bambus** *Phyllostachys aurea* **Blatt:** schmal-lanzettlich, gelblich- bis hellgrün. **Licht:** sonnig bis halbschattig. **Tipp:** Wurzelsperre setzen.

# Schmucke Kletterpflanzen

## Großblättrige Pfeifenwinde

*Aristolochia macrophylla*

**Blüte:** unscheinbare, grünlich braune Blüten von Juni bis Juli. **Blatt:** herzförmig, 10 bis 30 cm groß, dunkelgrün, fahlgelbe Herbstfärbung. **Wuchs:** 8 bis 10 m hoch, schlingend, mit zunehmendem Alter wuchsfreudiger, benötigt Kletterhilfe. **Standort:** halbschattig bis schattig. **Verwendung:** Sichtschutz. **Pflege:** im Frühjahr oder Herbst pflanzen, im Sommer reichlich wässern und gelegentlich bis zum Spätsommer schwach düngen, Formschnitt im späten Winter oder Frühjahr. **Besonderes:** auffallende Blätter und Früchte, interessanter Wuchs.

## Clematis

*Clematis*-Hybriden

**Blüte:** in vielen Farben, gestreift, einfach oder gefüllt von Juni bis September. **Blatt:** gefiedert, mattgrün. **Wuchs:** 2 bis 5 m hoch, benötigt Kletterhilfe. **Standort:** hell bis halbschattig, je nach Sorte; schattiger Wurzelbereich. **Verwendung:** Bepflanzung von Pergolen und Spalieren, Sichtschutz, mit Rosen kombinieren. **Pflege:** regelmäßig gießen, verträgt keine Trockenheit, ausgeglichen düngen, je nach Schnittgruppe im Frühjahr oder Herbst zurückschneiden (steht auf dem Etikett; oder beim Einkaufen erfragen). **Besonderes:** über 1.000 Sorten.

## KLETTERSTARS

**Fingerblättrige Akebie** *Akebia quinata* blüht purpurrosa bis purpurbraun von April bis Mai. **Licht:** sonnig bis halbschattig.

**Kletternder Spindelstrauch** *Euonymus fortunei* blüht weiß von Juni bis Juli. **Blatt:** weißgrün panaschiert, immergrün. **Licht:** sonnig bis schattig.

**Schlingknöterich** *Fallopia aubertii* blüht weiß von Juli bis September. **Blatt:** mittelgrün. **Licht:** sonnig bis halbschattig. **Tipp:** stark kletternd.

**Irischer Efeu** *Hedera hibernica* blüht von September bis Oktober. **Blatt:** dunkelgrün mit weißlicher Aderung, immergrün. **Licht:** sonnig bis schattig.

## Kletter-Hortensie

*Hydrangea anomala* ssp. *petiolaris*

**Blüte:** weiße Dolden, sterile Randblüten von Juni bis Juli. **Blatt:** eiförmig bis rundlich, basal herzförmig, dunkelgrün, 10 bis 12 cm lang, gelbe Herbstfärbung. **Wuchs:** 2 bis 10 m hoch und bis 5 m breit, mit Haftwurzeln kletternd, mit zunehmendem Alter wuchsfreudiger. **Standort:** sonnig bis halbschattig. **Verwendung:** Bepflanzung von Pergolen und Spalieren, Fassadenbegrünung. **Pflege:** regelmäßig bis häufig gießen, mäßig düngen. **Besonderes:** Insektenweide, Blüten- und Ziergehölz, gut frosthart, attraktiver Winteraspekt.

## Feuer-Geißblatt

*Lonicera* x *heckrottii*

**Blüte:** karminrot bis gelblich rosa von April bis Mai und September bis Oktober. **Blatt:** elliptisch, blaugrün. **Wuchs:** 2 bis 4 m hoch, schlingend. **Standort:** halbschattig. **Verwendung:** Sichtschutz, Begrünung von Spalieren und Pergolen, für Rankgerüste. **Pflege:** regelmäßig bis häufig gießen, ausgeglichen düngen, im Frühjahr in Form schneiden. **Besonderes:** Blüten- und Ziergehölz, vor allem abends süßlicher Duft, rote Beeren, eine empfehlenswerte Sorte ist 'Goldflame' – wüchsige Selektion mit purpurroter Blüte, die im Verblühen gelblich wird.



**Gewöhnlicher Hopfen** *Humulus lupulus* weibliche Blüten mit Zapfen ähnlichen, papierartigen Früchten. **Licht:** sonnig bis schattig.

**Immergrünes Geißblatt** *Lonicera henryi* blüht gelb mit Purpur von Juni bis Juli. **Blatt:** lanzettlich, mattgrün, immergrün. **Licht:** sonnig bis halbschattig.

**Wilder Wein** *Parthenocissus quinquefolia* blüht weiß im Juli/August. **Blatt:** sommergrün. **Licht:** sonnig bis halbschattig. **Tipp:** tolle Herbstfärbung; raschwüchsig.

**Große Kapuzinerkresse** *Tropaeolum majus* blüht hellgelb, orange, rot von Juni bis September, einjährig. **Licht:** sonnig bis halbschattig.

# Farbenprächtige Gehölze

## Fächer-Ahorn

*Acer palmatum*

**Blüte:** purpurrot in kleinen Trauben im Mai. **Blatt:** gegenständig, frischgrün, Herbstfärbung leuchtend orange bis rot. **Wuchs:** baumartiger Großstrauch, 5 bis 7 m hoch und genauso breit. **Standort:** sonnig bis halbschattig, windgeschützt. **Verwendung:** Japangarten, kleine Gärten, Einzelstellung. **Pflege:** gleichmäßig gießen, wenig düngen, nicht schneiden. **Besonderes:** viele Sorten wie zum Beispiel 'Atropurpureum' – Roter Fächer-Ahorn, Blätter dunkelrot, 'Dissectum' – Grüner Schlitz-Ahorn, hellgrüne fiedrige Blätter; weitere Arten siehe Seite 13.

## Kupfer-Felsenbirne

*Amelanchier lamarckii*

**Blüte:** weiße Einzelblüten von April bis Mai. **Blatt:** mittelgrün, beim Austrieb silbrig behaart, gelbe bis feurig rote Herbstfärbung. **Wuchs:** ausladender Großstrauch oder kleinwüchsiger Baum mit breiter, trichterförmiger oder rundlicher Krone, 4 bis 6 m hoch, genauso breit. **Standort:** sonnig bis halbschattig. **Verwendung:** Hecken, Gehölzrand, Einzelstellung. **Pflege:** im Frühjahr oder Herbst pflanzen, während der Sommermonate reichlich wassern, mäßig düngen. **Besonderes:** als Hecke alle 3 bis 4 Jahre auslichten; in Einzelstellung nicht schneiden.

### Weitere interessante Gehölze

**Berberitze** *Berberis thunbergii* 'Atropurpurea' **Blatt:** purpurrot bis rotbraun, toll im Herbst. **Licht:** sonnig bis absonnig.

**Blumen-Hartriegel** *Cornus florida* blüht grünlich, weiß bis zartrosa überlaufen. **Licht:** sonnig bis halbschattig. **Tipp:** tolle Blüten- und Herbstfärbung.

**Stechpalme** *Ilex aquifolium* blüht weiß im Mai. **Blatt:** glänzend dunkelgrün. **Licht:** halbschattig bis schattig. **Tipp:** auffallende, immergrüne oder gelb-grün panaschierte Blätter.

**Zuckerhutfichte** *Picea glauca* 'Zuckerhut' hellgrüne, weiche Blätter. **Licht:** sonnig bis absonnig. **Tipp:** kompakt wachsende Zwergform.

## Blut-Hasel

*Corylus maxima* 'Purpurea'

**Blüte:** rote männliche Blütenkätzchen im März/April vor dem Austrieb. **Blatt:** im Austrieb leuchtend hellrot, während des Sommers tief schwarzrot. **Wuchs:** bis 4 m hoch und breit. **Standort:** sonnig bis halbschattig. **Verwendung:** sehr schön in Einzelstellung, aber auch starker Kontrast in bunten Beeten als Hintergrundpflanze, für kleine und große Gärten. **Pflege:** gleichmäßig bis häufig gießen, hoher Nährstoffbedarf, starker Rückschnitt oder Auslichten im frühen Frühjahr möglich. **Besonderes:** attraktives Laub, rotbraune, runde Nüsse.

## Bauern-Hortensie

*Hydrangea-Macrophylla*-Sorten

**Blüte:** Blütenrispen in vielen Farben von Juli bis September. **Blatt:** glänzend dunkelgrün, sommergrün. **Wuchs:** 60 bis 150 cm hoch und 100 bis 200 cm breit. **Standort:** sonnig bis halbschattig. **Verwendung:** Blüten- und Ziergehölz, schön in Einzelstellung, für Hecken, Kübel- und Topfkultur. **Pflege:** regelmäßig bis häufig gießen, gleichmäßig mit Hortensien-Dünger versorgen, alte Blütenstände im Frühjahr zurückschneiden (siehe auch Seite 29). **Besonderes:** lange Blütezeit, viele Sorten (siehe auch S. 44/45), schirm- und ballförmig blühend, Farbe bodenabhängig.



**Japanische Lavendelheide** *Pieris japonica* blüht weiß von April bis Mai; Sorten siehe auch S. 12. **Blatt:** ledrig, glänzend dunkelgrün, immergrün. **Licht:** halbschattig bis schattig.
**Japanische Skimmie** *Skimmia japonica* blüht weißlich rosa, gelblich weiß von Mai bis Juni. **Licht:** lichtschattig bis schattig.

**Oster-Schneeball** *Viburnum x burkwoodii* blüht rosa bis rosaweiß von März bis Mai. **Licht:** sonnig bis halbschattig.
**Weigelie** *Weigela florida* 'Nana Variegata' blüht dunkelrosa von Mai bis Juni. **Blatt:** grün mit weißem Rand. **Licht:** sonnig bis halbschattig. **Tipp:** malerischer Wuchs.

# Beliebte Gehölze

## Gewöhnlicher Buchsbaum

*Buxus sempervirens* var. *arborescens*

**Blüte:** unscheinbar von April bis Mai. **Blatt:** dunkelgrün, immergrün. **Wuchs:** 2 bis 4 m hoch und breit. **Standort:** absonnig bis schattig. **Verwendung:** Einzel- und Heckenpflanzung, Kübel- und Topfkultur, Japangarten, Grabbepflanzung. **Pflege:** gleichmäßig feucht halten, schwache Düngung im späten Frühjahr möglich. **Besonderes:** als Formgehölz oder Hecke im Frühjahr und Spätsommer schneiden, viele Sorten darunter 'Blauer Heinz' – kleinwüchsig, bläuliches Laub, 'Rotundifolia' – kräftig wachsend, Laub größer, 'Suffruticosa' – für Einfassungen.

## Rhododendron

*Rhododendron*-Hybriden

**Blüte:** in weiß, gelb, orange, rosa, rot, blau, violett, auch mehrfarbig von Mai bis Juni. **Blatt:** glänzend dunkelgrün, immergrün. **Wuchs:** 2 bis 3 m hoch und 2 bis 5 m breit. **Standort:** halbschattig. **Verwendung:** für Gruppen- und Heckenpflanzung, auch Einzelstellung sowie Topf- und Kübelkultur möglich. **Pflege:** häufig gießen, in frostfreien Perioden gießen, mit Rhododendrondünger versorgen; Boden mulchen, um die Wurzeln vor Austrocknung zu schützen (siehe Seite 29). **Besonderes:** tolle Blüten und immergrüne Blätter, viele Sorten.

## Schönes im Schatten: Hortensien (*Hydrangea*)

**Ball-Hortensie** *H. arborescens* 'Annabelle' blüht zunächst grünlich, dann rahmweiß von Ende Juni bis Anfang September. **Blatt:** hellgrün mit mittelgrün. **Wuchs:** 1 bis 1,5 (bis 3) m hoch und breit. **Licht:** sonnig bis schattig. **Tipp:** Ältere Pflanzen regelmäßig im Frühjahr bis auf 20 bis 50 cm zurückschneiden.

**Raue Hortensie** *H. aspera* mit rosa, violetten oder bläulichen Innenblüten, Randblüten weiß, später rosa von Juli bis August. **Blatt:** dunkelgrün, behaart, Blätter fühlen sich rau an. **Wuchs:** 1,5 bis (bis 4) m breit. **Licht:** halbschattig. **Tipp:** Blütenstände vom Vorjahr und abgestorbene Triebe im Februar/März abschneiden.

## Europäische Eibe

*Taxus baccata*

**Nadeln:** lineal-lanzettlich, 2-zeilige Anordnung, bis 3 cm lang, glänzend dunkel- bis schwarzgrün, unterseits heller, immergrün. **Wuchs:** baum- oder strauchförmig, breit kegelförmig bis leicht überhängend, 10 bis 15 m hoch und bis 12 m breit. **Standort:** sonnig bis schattig. **Verwendung:** Großstrauch bis mittelhoher Baum, Einzel- und Heckenpflanzung. **Pflege:** regelmäßig bis häufig gießen, verträgt keine Trockenheit, mäßig düngen. **Besonderes:** für den Formschnitt geeignet, Sorte 'Fastigiata Aureomarginata' mit gelbgrüner Benadelung, giftig.

## Edel-Lebensbaum

*Thuja occidentalis* 'Smaragd'

**Nadeln:** schuppenartig, eiförmig, frisch- bis mittelgrün, immergrün, auf dem Blattrücken sind Drüsen vorhanden. **Wuchs:** kompakt, kegelförmig, 4 bis 6 m hoch und 1 bis 2 m breit, langsam wachsend. **Standort:** sonnig bis halbschattig. **Verwendung:** schön in Hecken- und Einzelstellung, auch für kleine Gärten sowie Topf- und Kübelkultur geeignet. **Pflege:** regelmäßig bis häufig gießen, ausgeglichen düngen, in Heckenpflanzung regelmäßig schneiden. **Besonderes:** sehr gesund, zuverlässig frosthart, auch im Winter schöne grüne Benadelung.



**Rispen-Hortensie** *H. paniculata* 'Grandiflora' blüht in endständigen Rispen rahmweiß, im Verblühen rosa färbend, von Juli bis September. **Blatt:** Oberseite mattgrün, rau, Unterseite graugrün; sommergrün. **Wuchs:** 2 bis 3 m hoch und breit. **Licht:** sonnig bis absonnig. **Tipp:** Ältere Exemplare im April um 10 bis 20 cm einkürzen.

**Samt-Hortensie** *H. sargentiana* blüht von Juli/August bis Ende Oktober mit helllila bis hellvioletten Innenblüten, im Verblühen blauer werdend; weiße Randblüten. **Blatt:** mittelgrün. **Wuchs:** 2,5 (bis 3,5) m hoch und breit. **Licht:** halbschattig. **Tipp:** Schnitt wie bei der Rauen Hortensie (*H. aspera*).

## Adressen

**Teichpumpen und Wasserspiele, Springbrunnen, Brunnen-Teich-Sets, Kübel für Mini-Teiche:**
Heissner
Schlitzer Str. 24
36341 Lauterbach
Tel. 0 66 41/8 60
*www.heissner.de* (Kataloge als pdf-Dateien)

**Leuchtkugeln**
Händleradressen nennt:
J. Wagner GmbH
Tel. 0 75 44/50 54 52
*www.wagner-group.com*

**Pflanzetageren, Gartenaccessoires**
Car Selbstbaumöbel
Tel. 0 41 93-7 55 50
*www.car-moebel.de*

**Living Art (Foto von S.18)**
Stockmeyerstr. 43
20457 Hamburg
Tel. 0 40/66 97 62 55

**Gehölze einkaufen**
Adressen der nächst gelegenen Baumschulen über den Bund Deutscher Baumschulen
*www.bund-deutscher-baumschulen.de*

**Stauden im Versand**
Staudengärtnerei Gaissmayer
Tel. 0 73 03/72 58
*www.staudengaissmayer.de*

## Register

**Halbfette** Seitenzahlen verweisen auf Abbildungen.

Mit 63 Farbfotos von:
Ursel Borstell, Essen: 20;
Gartenbildagentur/Didillon, Au/Hallertau: 25 o;
Gartenbildagentur/Noun, Au/Hallertau: 15, 16;
Gartenbildagentur/Nichols, Au/Hallertau: 1;
Gartenschatz, Stuttgart: 10, 12 oli, 17, 22 alle, 26, 30 alle, 31, 32 beide, 33 beide, 34 beide, 35 beide, 36 beide, 37 beide, 38 beide, 39 beide, 40 beide, 41 beide, 42 li, 43 beide, 44 beide, 45 beide;
Living Art, Hamburg: 18;
Wolfgang Redeleit, Bienenbüttel: 8, 19;
Tierfoto-Reinhard/Hans Reinhard, Heiligkreuzsteinach-Eiterbach: 42 re;
Manfred Ruckszio, Taunusstein: 9;
Jürgen Stork, Ohlsbach: 28 o;
Friedrich Strauß Au/Hallertau: 6, 13, 21 u, 24, 29;
Alice Thinschmidt, Daniel Böswirth, A-Wien: 5, 12 ore;
Annette Timmermann, Stolpe: 2/3, 7, 11 beide, 21 o, 23, 27;

Mit 11 Illustrationen von:
Ruth Fritzsche, Offenburg: 28 ure;
Reinhild Hofmann, München: 22;
Wolfgang Lang, Grafenau: 25 alle, 26 alle, 28 uli, 28 umi;
Horst Lünser, Berlin: 27;



KOSMOS Postfach 10 60 11
D-70049 Stuttgart
**TELEFON** +49 (0)711-2191-0
**FAX** +49 (0)711-2191-422
**WEB** www.kosmos.de
**E-MAIL** info@kosmos.de

Alle Angaben in diesem Buch sind sorgfältig geprüft und geben den neuesten Wissensstand bei der Veröffentlichung wieder. Da sich das Wissen aber laufend in rascher Folge weiterentwickelt und vergrößert, muss jeder Anwender prüfen, ob die Angaben nicht durch neuere Erkenntnisse überholt sind. Dazu muss er zum Beispiel Beipackzettel zu Dünge-, Pflanzenschutz- bzw. Pflanzenpflegemitteln lesen und genau befolgen sowie Gebrauchsanweisungen und Gesetze beachten.

Die in diesem Buch genannten Pflanzen können auch giftig sein. Das wurde jedoch nicht immer bei den Pflanzen expliziert erwähnt. Insbesondere, wenn Kinder im Haushalt vorhanden sind, sollten Sie sich in speziellen Büchern zu diesen Themen informieren.

Umschlaggestaltung von Atelier Reichert, Stuttgart, unter Verwendung von zwei Fotos von Annette Timmermann, Stolpe (Hauptmotiv) und Gartenschatz, Stuttgart (Einklinker).

Bibliografische Informationen der Deutschen Bibliothek
Die Deutsche Bibliothek verzeichnet diese Puplikation in der Deutschen Nationalbibliografie; detaillierte bibliografische Daten sind im Internet über http://dnb.ddb.de abrufbar.

Gedruckt auf chlorfrei gebleichtem Papier

1. Auflage

ISBN 3-440-10162-2
Lektorat: Birgit Grimm
Produktion: DOPPELPUNKT Auch & Grätzbach GbR, Leonberg
Grundlayout: Dietmar Grashoff, Lahr
Printed in Slovakia/Imprimé en Slovaquie